Las palabras primas

VOCES / ENSAYO

COLECCIÓN VOCES / ENSAYO 253

Ayuntamiento de Málaga
Área de Cultura

La obra *Las palabras primas*, fue galardonada con el IX Premio Málaga de ensayo, que fue concedido por unanimidad el 22 de noviembre de 2017 en Málaga. Formaron parte del jurado Javier Gomá, Estrella de Diego, Espido Freire, Alfredo Taján, Juan Casamayor (editor de Páginas de Espuma), Benancio Gutiérrez (como secretario, con voz pero sin voto), y, como presidenta del jurado, Susana Martín Fernández (Directora del Área de Cultura del Ayuntamiento de Málaga).

Nuestro fondo editorial en www.paginasdeespuma.com

Fernando Iwasaki, *Las palabras primas*
Primera edición: febrero de 2018

ISBN: 978-84-8393-232-2
Depósito legal: M-876-2018
IBIC: DSK

Editorial Páginas de Espuma
Madera 3, 1.º izquierda
28004 Madrid

Teléfono: 91 522 72 51
Correo electrónico: info@paginasdeespuma.com

Impresión: Cofás
Impreso en España - Printed in Spain

Fernando Iwasaki

Las palabras primas

IX PREMIO
MÁLAGA
DE ENSAYO
JOSÉ MARÍA GONZÁLEZ RUIZ

PÁGINAS DE ESPUMA

ÍNDICE

La Tsunami,
Académica Correspondiente del Perú y el Imperio del Sol Naciente,

se honra en dedicar

LAS PALABRAS PRIMAS

a sus compañeras de corporación y doctoras en la materia:

D. Vicente Tortajada, *la Coja* (†)
D. Ignacio Romero de Solís, *la Reina Madre*
D. José Daniel M. Serrallé, *la Boteros*
D. Manuel Gregorio González, *la Eritaña*
D. Iñigo Ybarra Mencos, *la Dinamo* (†)
D. José Julio Cabanillas, *la Santa*
D. Alberto Guallart, *la Guallarta*
D. Ignacio F. Garmendia, *la Vizcaya*
D. Manuel J. Lombardo, *la Rodaje*
D. Javier González-Cotta, *la Virtudes*
D. Luis Sánchez-Moliní, *la Legionaria*
D. Mario González Reina, *la Maquíntosh*
D. Manuel Mª Rosal, *la Cañaílla*
D. Alfonso Crespo, *la Moviola*
D. León Lasa, *la Metro* [a falta de ágape de confirmación]
D. Víctor J. Vázquez, *la Pucela*
D. Bernard Alien, *la Chochette* [correspondiente de Francia y París]
D. Diego Carrasco, *la Molusco* [en período de meritaje]

y las visitas ilustres

D. Javier *Killy* Salvago
D. Jesús *Donmanué* Tortajada

Miembros fundadoras, numerarias y correspondientes todas de la

real ACADEMIA
SEVILLANA
de malas *l*etras y
peores costumbres

Y las emplaza a sufragarle un Homenaje en cualesquiera de los Salones académicos:
La Goleta, Robles, Picalagartos, El Tremendo, El Rinconcillo, Vizcaíno y La Jerónima

[Sevilla-España]

Somos criaturas lectoras, ingerimos palabras, estamos hechos de palabras, sabemos que las palabras son nuestro medio de estar en el mundo, y es a través de las palabras que identificamos nuestra realidad y a través de ellas que nos identificamos a nosotros mismos.

Alberto Manguel, *El viajero, la torre y la larva* (2014)

Escribo en español literario porque creo que la lengua hablada debe seguir a la escrita y no al revés. Pero recojo expresiones que aprendí en otros tiempos al tratar con gente del pueblo que hablaba un español más ingenioso, original y significante. Se han perdido muchas palabras y expresiones en la lengua popular. Y no porque se hayan sustituido por otras, sino porque la decadencia literaria de los pueblos trae consigo un empobrecimiento del idioma.

Mauricio Wiesenthal, *Siguiendo mi camino* (2013)

Literatura es littérature *en francés, y* litter *es basura, desperdicio en inglés,*
mientras rature, *de nuevo en francés, es tachadura,*
y lit *es lecho, esa cama donde me acuesto a hacer literatura:*
solamente en español la literatura no significa otra cosa.

Guillermo Cabrera Infante, *Exorcismos de esti(l)o* (1976)

No he observado jamás que los españoles hablaran mejor que nosotros (Hablan en voz más alta, eso sí, con el aplomo de quienes ignoran la duda).

Jorge Luis Borges, *Otras inquisiciones* (1952)

Me sumo a los pocos críticos que han querido ver en Rayuela *la denuncia imperfecta y desesperada del* establishment *de las letras, a la vez espejo y pantalla del otro* establishment *que está haciendo de Adán, cibernética y minuciosamente, lo que delata su nombre apenas se lee al revés: nada.*
Julio Cortázar, *La vuelta al día en ochenta mundos* (1967)

El escritor de hoy se orienta progresivamente a ser un «operador» de textos, puesto a cubierto de cualquier contingencia material y actuando siempre a través de medios fríos. Este es el hecho. Aquel traslada gran parte de su implicación orgánica y de su cognición flotante por entre el mundo de las cosas a la propia pantalla, en la que ahora delega como auténtico espacio «artificial» de todos los juegos realizados por una suerte de avatar suyo.
Fernando Rodríguez de la Flor y Daniel Escandell Montiel, *El gabinete de Fausto* (2014)

¿Qué ocurre cuando en un libro uno mezcla cuentos y ensayos?
Augusto Monterroso, *La letra e* (1987)

LAS PALABRAS PRIMAS
A manera de introducción

La palabra es mitad de quien la pronuncia, mitad de quien la escucha.
Michel de Montaigne, *Ensayos*

El creador del ensayo concibió el género como una conversación «sin estudio ni artificio»[1], aunque durante los últimos cien años el ensayo ha adquirido un espesor epistemológico tan considerable, que el estudio y el artificio devinieron requisitos imprescindibles para que un texto fuera considerado como tal. Así, los ensayos de Lukács, Musil, Adorno, Genette, Barthes, Derrida, Foucault o Benjamin –entre otros– habrían horrorizado al propio Michel de Montaigne, casi expulsado del canon por pensadores más solemnes y campanudos que el creador del ensayo.

Gilbert K. Chesterton –uno de los mejores herederos de Montaigne– intuyó la deriva solemne del ensayo y procuró dejar constancia de su vocación humorística:

1. Michel de MONTAIGNE: *Ensayos* [Trad. J. Bayod Brau], Acantilado (Barcelona, 2007), p. 5.

> ... me obsesiona la leve sospecha de que el ensayo probablemente se irá volviendo más dogmático y convincente, a causa de las profundas y mortíferas divisiones que nos impondrán los problemas éticos y económicos. Pero esperemos que siempre quede un hueco para el ensayo que de verdad es un ensayo. Santo Tomás de Aquino, con su sentido común, dijo que ni la vida activa ni la contemplativa podían vivirse sin relajarse con juegos y bromas. El teatro o la épica pueden considerarse la vida activa de la literatura; el soneto o la oda, la vida contemplativa. El ensayo es la broma[2].

No deseo hablar del humor –que sería materia de otro análisis– aunque sí del ensayo como territorio risueño y propicio para la divagación desenfadada, tal como lo cultivó y proclamó Bertrand Russell: «Contra la solemnidad, la mejor arma es el ingenio. La mayoría de las otras armas solo producen una nueva solemnidad, igualmente dogmática y sectaria»[3]. Aquel pensamiento también fue compartido por Jorge Luis Borges –otro autor de ensayos breves y regocijantes como «Arte de injuriar»[4]–, acaso el precursor de un ensayismo en español que nadie como Augusto Monterroso resumió mejor:

> Un libro es una conversación. La conversación es un arte, un arte educado. Las conversaciones bien educadas evitan los monólogos muy largos [...] en los ensayos uno afirma algo que no tiene mayor cosa que ver con la vida del prójimo

---

2. Gilbert K. CHESTERTON: *Correr tras el propio sombrero (y otros ensayos)* [Trad. Miguel Temprano García], Acantilado (Barcelona, 2005), p. 23.

3. Bertrand RUSSELL: *Lo mejor de Bertrand Russell* [Trad. Marco Aurelio Galmarini], Edhasa (Barcelona, 2002), pp. 9-10.

4. Jorge Luis BORGES: «Arte de injuriar» en *Historia de la eternidad*, Alianza Emecé (Madrid, 1971), pp. 150-158.

> sino con ideas o temas más o menos abstractos, pero sin la menor intención de convencer al lector de que uno está en lo cierto, y en esto reside el encanto de Montaigne[5].

Por fortuna, desde hace poco más de una década asistimos a un nuevo auge del ensayo en lengua española como conversación, como viñeta literaria y como antídoto intelectual contra la solemnidad. Pienso en títulos como *Formas breves* (1999) de Ricardo Piglia y *Entre paréntesis* (2004) de Roberto Bolaño; *El equilibrista: aforismos y microensayos* (2005) de Andrés Neuman y *Ensayos bonsái* (2007) de Fabián Casas; *Mentiras contagiosas* (2008) de Jorge Volpi y *El arte de la distorsión* (2009) de Juan Gabriel Vásquez; *Las respuestas retóricas* (2011) de Felipe Benítez Reyes y *Las palabras con alas* (2012) de Luis Alberto de Cuenca; aunque el primer latido del ensayo como «filosofía mundana» lo encontramos en *Ingenuidad aprendida* (2011) de Javier Gomá Lanzón:

> Sería conveniente que, antes de lanzar una verdad al mundo, esta superase un previo «test de mundanidad». La verdad, además de racional, habría de demostrar también ser suficientemente razonable y esto quiere decir capaz de

---

5. Augusto MONTERROSO: «Las buenas maneras» en *El Paraíso imperfecto. Antología tímida*, Debolsillo (Barcelona, 2013), p. 170. En una entrevista de 1977 Monterroso ya había esbozado esta idea: «En el ensayo *uno* da sus opiniones, emite sus juicios, manifiesta preferencias o rechazos sin que para nada pretenda estar diciendo algo que deba ser creído, acatado, o incluso refutado. Refutar cualquier idea de Montaigne es ridículo. Montaigne la expone como opinión, no como verdad. Enojarse por lo que Bacon o Wilde o Beerbohm digan en cualquiera de los suyos es tonto. Ellos mismos serán los primeros en contradecirse quizá en el próximo. El ensayo es así el género más libre, y por tanto uno de los más bellos que existen», en Auguto MONTERROSO: *Viaje al centro de la fábula*, Alfaguara (Madrid, 2001), p. 98.

> persuadir y de infundir veracidad a una comunidad de personas cultivadas y sensibles. Si uno cree tener una idea nueva, que pruebe a contarla en la sobremesa de una comida de negocios, en una reunión de amigos, en una celebración familiar, en una conferencia o en una entrevista periodística. Con este test se constataría si esos nuevos conceptos que ha discurrido son convertibles o no en moneda corriente de curso legal. Si, en las situaciones descritas, las ideas no transmiten emoción o no despiertan interés es que no son interesantes, y si no son interesantes es que, en último término, tampoco son verdaderas[6].

El propio Javier Gomá Lanzón perseveró en su hallazgo a través de dos estupendas misceláneas sobre la «condición urbana» –*Todo a mil. 33 microensayos de filosofía mundana* (2012) y *Filosofía mundana. Microensayos completos* (2016)–, entronizando así en España un nuevo tipo de ensayo que supuso «la reivindicación del *collage* como género moderno»[7], aunque en América Latina también había ocurrido algo semejante, pues en Chile, Cuba, México y Argentina la rebelión contra la solemnidad transformó al ensayo no en un texto híbrido sino más bien cimarrón[8], porque huía de las severidades académicas que lo habían aherrojado:

---

6. Javier GOMÁ LANZÓN: «Ensayo de filosofía mundana» en *Ingenuidad aprendida*, Galaxia Gutenberg (Barcelona, 2011), p. 50.

7. Marta SANZ: *No tan incendiario*, Periférica (Cáceres, 2014), p. 7.

8. Cuatro maravillosos ejemplos de ensayismo cimarrón serían los libros del chileno Rafael GUMUCIO: *Contra la belleza*, Tumbona Ediciones (México, 2010); del argentino Damián TABAROVSKY: *Literatura de izquierda*, Periférica (Cáceres, 2010), del cubano Iván de la NUEZ: *El comunista manifiesto*, Galaxia Gutenberg (Barcelona, 2013) y del mexicano Jorge COMENSAL: *Yonquis de las letras*, La Huerta Grande (Madrid, 2017).

> Es por esto que todo ensayo depende de su asunto, y que, en consecuencia, el único problema del ensayista, siempre que se tenga por tal y se afane en hacer de su escritura un ensayo, consiste en descubrir a tiempo sobre qué diablos tiene que escribir, para aplicarse a ello de inmediato[9].

¿Sobre qué diablos deseo escribir? En realidad, desde hace años escribo sobre el espacio que ocupo entre el castellano de América y el castellano de España, porque cada vez que voy al Perú todo el mundo me enrostra que ya hablo como español, aunque en España nadie me ha preguntado todavía de qué parte de España soy. Por lo tanto, este será un conjunto de ensayos acerca de la perplejidad que supone hablar una lengua que es propia y ajena al mismo tiempo, porque es la misma de España aunque no es igual a la de América Latina.

No obstante, quiero hacer hincapié en tres cuestiones. En primer lugar, los textos que integran este libro fueron leídos en alta voz, en ocasiones como conferencias y en otras como colaboraciones en programas de radio. Reunirlos en el presente volumen significa que insisto de nuevo en los placeres del texto oral y en la ambición ensayística de ciertas *performances* como la clase, el coloquio, la presentación o los pregones; «ensayos

---

9. José Israel CARRANZA: *Las encías de la azafata*, Tumbona Ediciones (México, 2010), p. 92. *Las encías de la azafata* es un título de la colección Derivas de Tumbona Ediciones, cuyo manifiesto dice así: «El ensayo es un paseo, o mejor, una *deriva*, es decir, una excursión azarosa, imprevisible y llena de riesgo a través de zonas poco exploradas del pensamiento. Ya sea a caballo como Montaigne o a pie como Nietzsche, su impulso es alejarse de cualquier servidumbre mental, callejear lejos de casa en busca de una idea propia. Esta es una colección que busca recuperar los atributos originales del ensayo (la digresión, la plena expresión individual, el humor, la imaginación y la resistencia frente al saber programático) para rescatarlo de la indigencia académica y la prosa enlatada del mercado que lo han tomado por rehén» [segunda solapa de la edición].

sutiles» que considero expresiones de la nueva corriente del ensayo en español[10].

Por otro lado, como me considero un hispanohablante de fronteras entre Perú y España, Andalucía y América o Lima y Sevilla, he aprendido a disfrutar con cuantas riquezas me ofrecen todas mis vecindades tanto en el presente como explorando el pasado, pues si el español del Siglo de Oro alumbró el castellano de América, así también advierto un remoto eco andaluz en las hablas hispanoamericanas. Hace más de veinte años pude documentar con delectación el origen belga–vallisoletano de la expresión quinientista *chévere*[11] y desde entonces no he dejado de buscar otros eslabones semánticos perdidos. En realidad, me conciernen las palabras que se pierden porque el español es mi lengua materna a costa del japonés que perdí. Quizá mi lengua paterna se marchitó para que floreciera mejor mi español, aunque su ausencia me impele hoy una lealtad melancólica que intuyo japonesa.

Finalmente, me interesa reflexionar sobre el impacto de las nuevas tecnologías y los soportes digitales en la lengua, la lectura y los «teatros» de la escritura, como los ha denominado Fernando Rodríguez de la Flor:

> Los espacios de escritura y creación literaria se han visto alterados con las modificaciones tecnológicas que han lle-

10. Siguiendo el ejemplo de Borges y Sloterdijk, por una parte he compilado las conferencias que he impartido en países de habla no hispana en *Mi poncho es un kimono flamenco*, Sarita Cartonera (Lima, 2005), y por otra he reunido las presentaciones de diversos escritores y personalidades en *Arte de introducir*, Renacimiento (Sevilla, 2011). En ambos casos destaqué la condición oral de aquellos ensayos, así como su naturaleza efímera –«sutil»– porque fueron escritos para ser leídos una sola vez.

11. Fernando IWASAKI: *El Descubrimiento de España*, Ediciones Nobel (Oviedo, 1996), pp. 191-201.

gado a lo largo de la historia, siendo el último avance hasta el momento el progreso de desmaterialización del *scriptorium*, desde los monasterios europeos hasta las máquinas de escribir, para dar dos pasos más vinculados a la integración de la tecnología informática por encima de la mecánica: la inscripción del ordenador como herramienta de escritura y el paso del disco duro a la *nube* remota[12].

A diferencia de los antiguos humanistas analógicos que construían espacios de lecto-escritura como las bibliotecas y los *scriptoria*, el humanista digital se conecta al ciberespacio infinito, donde la lectura y la escritura se convierten en otra forma de navegación a través de «internextos»[13] y «pantpáginas»[14]. ¿Tales fenómenos enriquecen o empobrecen la lecto-escritura? ¿Representan el fin del Humanismo como lo hemos entendido desde la antigua Grecia?[15]. Lo único que sé es que no forma-

---

12. Fernando RODRÍGUEZ DE LA FLOR y Daniel ESCANDELL MONTIEL: *El gabinete de Fausto. «Teatros» de la escritura y la lectura a un lado y otro de la frontera digital*, Consejo Superior de Investigaciones Científicas (Madrid, 2014), p. 189.

13. «El internexto entiende al texto como un concepto estructuralmente *deslizante*, capaz de diversas idas y vueltas entre los medios virtuales y los físicos, y considera a la Red no como un cauce o un canal, sino como material en bruto que puede atravesarse o *utilizarse*. El resultado es un concepto de texto que no se lee, sino por el cual se *navega*». Ver Vicente Luis MORA: *El lectoespectador*, Seix Barral (Barcelona, 2012), p. 104.

14. «Pantpágina resume los términos *pantalla* y *página* y también enfatiza el prefijo *pan*, palabra griega que significa *todo* y que es muy querida para nosotros por habernos dado pie a otro neologismo, *Pangea*, con el que comenzamos nuestra investigación en marcha sobre todos estos temas», en Vicente Luis MORA: *El lectoespectador*..., p. 110.

15. Aunque no es el tema de este libro, tengo muy presentes las reflexiones de Sloterdijk: «Con el establecimiento mediático de la cultura de masas en el Primer Mundo, a partir de 1918 (radio) y de 1945 (televisión) y, más aún, con las últimas revoluciones de las redes informáticas, en las sociedades actuales la coexistencia

ré parte de ese futuro, pues apenas encajo en el presente. De hecho, hace más de diez años renuncié a seguir actualizando y aprendiendo nuevos programas, porque asimilar las vertiginosas novedades me retrasa, me frustra y me deprime. Soy un pobre usuario digital, aunque todavía presto atención a todo lo que puedo entender:

> Paradójicamente, las máquinas *sobre* las que o *contra* las que tecleamos no reconocen los conceptos que les son más afines y subrayan con una raya roja discontinua los adjetivos *poscontemporáneo*, *sociofóbico*, *ciberfetichista*... El *software* de la tecnología punta –o de la punta tecnología– reproduce los tabúes y las normas de la Real Academia Española de la Lengua en lo referente a los procesos de derivación y composición de las palabras, y a las estrechas posibilidades del neologismo. El *software* y la tecnología punta se muestran cautos y conservadores cuando, tal vez, deberían constituirse en espacio de rebelión y creatividad, en pizarra electrónica sobre la que producir un *glíglico* tras otro [...]. Los blogueros filósofos y los blogueros críticos literarios a menudo suelen ser igual de rancios –el contenido reproduce la estrechez del continente– en su búsqueda de prosas ordenadas, corrección ortotipográfica, respeto a las leyes genéricas y mucho, mucho entretenimiento.[16]

¿No es curioso que a los procesadores de textos digitales se les atraganten tanto las palabras nuevas como las antiguas? En

---

humana se ha instaurado sobre fundamentos nuevos. Estos son –como se puede demostrar sin dificultad– decididamente post-literarios, post-epistolográficos, y en consecuencia post-humanísticos». Ver Peter SLOTERDIJK: *Normas para el parque humano* [trad. Teresa Rocha Barco], Siruela (Madrid, 2000), p. 28.

16. Marta SANZ: *No tan incendiario*..., óp. cit., pp. 151-152.

realidad, hasta que uno no descubre cómo desactivar la función de marras, los teléfonos móviles, las tabletas y los ordenadores eligen y cambian a su aire –es decir, a su algoritmo– los verbos de nuestros mensajes y los sustantivos de nuestros escritos, pero sobre todo las palabras de nuestra memoria sentimental, aquella que contiene todos los libros, todas las canciones y todos los atlas que nos conciernen. Esas son las palabras que me interesan: las palabras primas.

Si existen números primos, ¿por qué no deberían existir las palabras primas? Sin salir del *Diccionario*, una palabra prima podría ser tonta, estar adelantada, parecer semejante, servir de recompensa y lucir primorosa, además de poseer connotaciones familiares, musicales, económicas, jerárquicas y comerciales, por no hablar de las posibles combinaciones entre todas ellas. Por ejemplo, cuando una prima hermana se convierte en una prima de riesgo.

Así, a lo largo de estos breves ensayos que fueron alguna vez conversaciones, he tratado de demostrar por qué muchas voces andaluzas y americanas son primas, cómo es que la patata es una prima inglesa, por qué hay que rescatar a las palabras primas, cuánto disfrutó el Inca Garcilaso de la materia prima de Montilla, por qué la tecnología digital prima su propio vocabulario y cómo el sustantivo polla nació –miren por dónde– enredando con las primas. Para ello he divido *Las palabras primas* en tres niveles, según su primacía, parentesco e imprimación. A saber, «Discontinuado», acerca del lugar del español en la era de la lecto-escritura[17]; «Palabras de ida y vuelta», sobre el castellano de Andalucía y América; e «Incas e hidalgos», un

17. Para la edición definitiva de *Las palabras primas* he incluido en este apartado mi ensayo «La Mancha Extraterritorial», ganador del Premio Don Quijote 2015 en la XXXII edición de los Premios Rey de España de Periodismo.

paseo por el español del Siglo de Oro, cuando un mojón era tan importante como una polla.

Las palabras primas son las que se prestan a los juegos y las que siempre nos permiten hacer cosas con la lengua. Las primas son la polla (y viceversa).

F. I. C.
La Vereda de los Carmelitas, verano de 2017

DISCONTINUADO

OH, MÁS DURA QUE *PASSWORD* A MIS QUEJAS

Uno

Cuando Umberto Eco publicó *Apocalípticos e Integrados* (1964), la informática y la tecnología digital eran rudimentos tan primitivos que nunca pudo imaginar que medio siglo más tarde, entre ambas trincheras deambularíamos como Fabrizzio del Dongo los «discontinuados»; individuos arcaicos, inútiles y vetustos que ni estamos a favor de la máquina de escribir ni en contra del Google Docs Online, aunque a duras penas aprendimos a usar el Word Perfect 5.1. Los «discontinuados» queremos integrarnos, pero cada actualización la vivimos como un apocalipsis porque la última versión de cualquier programa siempre nos sorprende tratando de aprender la trasantepenúltima.

Dos

Procuro leer todo lo que puedo acerca del presunto cambio de paradigma cultural que conlleva la hegemonía de los recursos digitales, porque admito que simpatizo con muchos de los argumentos expuestos por Jordi Llovet en *Adiós a la universidad* (2011), por Javier Marías en *Lección pasada de moda* (2012) o por Mario Vargas Llosa en *La civilización del espectáculo* (2012). Sin embargo, como también se me antojan convincentes las razones de Eloy Fernández Porta en *Homo Sampler. Tiempo y consumo en la Era Afterpop* (2008), de Jordi Gracia en *El intelectual melancólico* (2011) o de Daniel Cassany en su *En_línea. Leer y escribir en la red* (2012), ya no sé quiénes son más apocalípticos que otros, pues advierto un regodeo cachito sádico a la hora de certificar la defunción del papel, las librerías, las bibliotecas y el acto mismo de escribir cualquier línea que no sea «en línea», oxímoron tan curioso como «bomba inteligente» o «carpintería metálica».

Tres

Si fuera cierto que la red, las nuevas tecnologías y los recursos digitales que el ciberespacio pone a disposición de los usuarios están cambiando nuestra forma de leer y escribir, nuestra manera de almacenar y memorizar información, nuestro concepto de los derechos de propiedad y hasta nuestra relación con los objetos físicos y tangibles del mundo material, me pregunto si podríamos extrapolar nuestros temores y entusiasmos lingüísticos a otras esferas de la vida cotidiana con los mismos resultados. A nivel hipotecario constato que es verdad, porque el espacio que creía que era mi casa en realidad le pertenece al banco, ya que nunca tuve virtualmente en mis manos el dinero real con el que pensaba que la había adquirido. Pero la economía no es un ejemplo seguro, porque ni los expertos las tienen todas consigo a la hora de explicar por qué sube la prima de riesgo, qué cosa es un tipo de interés y cómo trabaja una agencia de calificación. No, para que el personal comprenda en qué consiste el cambio de paradigma, deberíamos preguntarnos si las TIC van a cambiar nuestra forma de ligar e incluso de hacer el amor.

Cuatro

El sexo es el segundo asunto que más nos preocupa, pues –como todo el mundo sabe– el fútbol se encuentra en primerísimo lugar. Qué trascendente será el fútbol, que allí los buenos son los apocalípticos y los villanos los integrados, partidarios de corromper la naturaleza viril y espectacular del balompié incorporando cámaras «ojo de halcón», microchips en las pelotas, chimpunes con censores de ADN capilar y células fotoeléctricas en las camisetas. Todas esas modernidades alterarían la esencia de la competición, aseguran los apocalípticos balompédicos, porque el fútbol es contacto, polémica y compensación. Pero el sexo también acapara buena parte de nuestras energías, pensamientos y espacios publicitarios, como podría comprobarlo cualquiera que revise los carísimos anuncios que salen todos los días en las primeras planas de los principales periódicos españoles, donde podemos leer: «Sexo es vida», «Reconquista tu vida sexual» o el más explícito: «¿Problemas de eyaculación precoz?». ¿Quién no ha oído en los programas de máxima audiencia de la radio aquel *slogan* que los parados deberían repetir como si fuera un mantra?: «Si tu vida sexual va bien, ¡lo demás no importa!». Creo que para que todo el mundo pueda tener una vida sexual plena y potente urge un cambio de paradigma que incorpore las nuevas tecnologías, pues lo que *natura* no da ningún Medical Group lo presta y más vale tener un montón de sexo con TICS que nada de sexo y un montón de tics.

Cinco

Si yo hubiera nacido en esta era de internet, *webcams* y redes sociales jamás habría escrito mi novela *Libro de mal amor* (2001), porque cuando uno era joven solo era posible ligar en directo y ahora las nuevas tecnologías te permiten ligar en *karaoke*, diferido, *playback* o videoclip. Las chicas de mi época se horrorizaban nada más enterarse que me gustaban, mientras que a las chicas de hoy les encanta que les estampen un «me gusta» debajo de cada foto del muro de su Facebook. Ahora hasta los tímidos, tartamudos y vergonzosos lo tienen más sencillo, porque les basta con enviar a través del móvil o del e-mail un emoticono colorado, un emoticono sonriente o un emoticono picarón. Si yo le hubiera mandado una lenteja guiñando un ojo a cualquier chica de los 70, seguro se habría quitado un beso de encima negándome el saludo.

Seis

Los apocalípticos sexuales harían una cerrada defensa del restregamiento corporal, del placer como chapoteo líquido, del erotismo como «ciencia fricción», del 69 como número primo y del polvo serrano como *coito ergo sum*; mientras que los integrados harían una apología del sexo limpio exonerado de pelos, pringues y olores; del sexo sano a salvo de gérmenes, bacilos y bacterias; del sexo a la carta rico en avatares, replicantes y hologramas; y del sexo libre sin compromisos, sin *attachments* embarazosos y especialmente sin «sobrecamas», que vienen a ser algo así como las sobremesas, pero encima de otro mueble. En aquel futuro más que probable, follar con los genitales será tan anticuado como leer las paginas –¡perdón!– las páginas de un libro, y tener sexo *online* será tan *high tech* que todo el mundo nos dará por *cool.* Como se puede apreciar, el fin del libro genital contemporáneo es tan inexorable como el triunfo del sexo digital que nos aguarda, aunque ahora mismo no sea igual hacerlo por YouTube que hacerlo por *your tube.*

Siete

El futuro de la escritura en español no puede romper con el pasado de la escritura en español. Así, la primera acepción de «genital» –del latín *genitalis*– en el *Diccionario de Autoridades* (1726-1737)[18] era «Lo que sirve para la generación», definición que ha llegado tal cual hasta nuestros días. ¿Habrá algo más propicio que los libros para la generación? Pienso en la Biblia, en la epopeya de Gilgamesh o en los poemas homéricos, y creo que no exagero si aseguro que el código genético de toda la literatura universal ya estaba encriptado en aquellos libros primordiales y venerables. Por lo tanto, bastaría una sola línea generatriz para demostrar la naturaleza genital de los libros, partiendo de Homero y terminando en Borges, pasando por Virgilio, Dante, Montaigne, Cervantes, Shakespeare, Swedenborg, Baudelaire, Conrad, Kafka y Joyce. Los genitales por excelencia son los libros y encima es un placer tenerlos cuadrados. Por el contrario, la evolución de la palabra «digital» sí que ha sido más azarosa, pues aunque la Real Academia Española[19] le atribuye hoy hasta cuatro significados, entre 1843 y 1899 únicamente admitía como tal a una hierba de la familia de las escrofulariáceas. En realidad, solo a partir de la edición

18. REAL ACADEMIA ESPAÑOLA: *Diccionario de Autoridades*, edición facsímil, Gredos (Madrid, 1990), 3 vols [En adelante *DA*].

19. En adelante en el texto RAE.

de 1914 del *Diccionario* de la RAE[20], la voz «digital» –del latín *digitalis*– quedó definida como «Perteneciente o relativo a los dedos», manteniéndose así hasta la vigésima segunda edición del año 2001. No quiero ser aguafiestas, pero ateniéndonos a la norma el «sexo digital» no supone ninguna modernidad, porque las prestaciones venéreas de los dedos fueron descubiertas –su nombre lo delata– por el *pitecantropus erectus*, aunque el diccionario no recoja ninguna frase que lo sugiera, como en los casos de esas expresiones que hablan de poner «el dedo en la llaga», «el dedo en la frente», «el dedo en la boca» o «el dedo en el culo». ¿Por qué no existe una locución que precise otra locación? La Real Academia cree que nos chupamos el dedo.

Ocho

Alberto Manguel sugiere en *El sueño del Rey Rojo* (2012), que leer en una pantalla es como leer un pergamino medieval que vamos desenrollando hacia arriba o hacia abajo[21]. En realidad, la novedad del libro electrónico debería correr por cuenta del lector creativo y humanista que desde los tiempos de san Agustín aprende, recuerda, inventa, registra, rechaza, sublima, subvierte y se maravilla mientras lee. Los lectores creativos se enriquecerán con las nuevas tecnologías, mientras que los lectores pasivos se aburrirán igual que con los mamotretos encuadernados. Manguel no duda de la compatibilidad del libro digital con el libro impreso de toda la vida. La verdad es que yo tampoco, aunque gracias a mi condición de «discontinuado»

---

20. En adelante en el texto *DRAE*.

21. Alberto MANGUEL: *El sueño del Rey Rojo. Lecturas y relecturas sobre las palabras y el mundo* [trad. Juan Tovar Elías], Alianza (Madrid, 2012), pp. 321-322.

he aprendido que el Word 1997 sí es del todo incompatible con el Word 2010 y que para abrir un archivo docx hace falta un Word *ad hoc*.

Nueve

La vertiginosa esgrima del chat, la urgencia de responder la mensajería instantánea o la necesidad de instalar de inmediato la última versión del procesador de textos, no tendrían por qué influir ni en el continente ni en el contenido de la escritura, igual que los telegramas jamás engendraron nuevas formas [stop] de leer [stop] o de escribir [stop]. Pero una cosa es el continente y el contenido, y otra muy distinta el incontinente y el contenido. Al comienzo de *Los cuatro jinetes del Apocalipsis* (1916), nada más llegar a París procedente de Buenos Aires, Julio citó a su amante junto a la Gare Saint-Lazare a través de una carta neumática. Siempre atento a las novedades de su tiempo, Blasco Ibáñez introdujo las cartas neumáticas en sus ficciones, aunque en España nadie hubiera oído hablar de ellas porque solo existían en Londres y París. En efecto, aprovechando los túneles del metro, los servicios postales de Londres y París tejieron una red de tuberías por las que pequeños cilindros que contenían cartas urgentes y galantes volaban a ochocientos metros por minuto, propulsadas por aire comprimido. Las criaturas de Proust concertaban sus citas pecaminosas a través de cartas neumáticas y en la red todavía se subastan cartas neumáticas eróticas de Rodin, Breton, Cocteau, Picasso y Modigliani, manuscritas con inextricable redacción, porque la urgencia sexual consiente palabras que la sintaxis no entiende y la gramática repudia.

Diez

Escribir en español en un mundo tecnológico –genital o digital– precisa las palabras, porque sin palabras no habría escritura ni sería en español. ¿Y cómo se escribe en la red? Daniel Cassany es rotundo al respecto: «Primero se dijo que la red había difuminado la frontera entre la escritura formal y el habla espontánea, pero lo que en realidad ha hecho es romper el monopolio que tenía hasta ahora la escritura normativa»[22]. Por supuesto que seguir escribiendo según la norma –es decir, con ges, con qúes, con eñes y con tildes– es una elección personal y que en teoría nadie nos obligaba a reemplazar las palabras por símbolos, ideogramas, emoticonos o jeroglíficos, hasta que empezó el ajetreo de los *passwords*, las contraseñas, los ipés y los nombres de usuario, por desgracia mucho más enrevesados que *De los nombres de Cristo* de fray Luis, porque el hebreo antiguo y el arameo bíblico se me antojan más inteligibles que el código alfanumérico que nos conminan a emplear los gestores de correo electrónico, las actualizaciones de los *smartphones*, las ediciones digitales de los antiguos periódicos, las tiendas de aplicaciones para teléfonos móviles y cualquier página chiquichanca con un par de webs. A mí me encantaba usar como *passwords* palabras expectoradas por la RAE, como abracijo, acercanza, churriana, deliñar, deliramento, garullo, intúitu, maridanza, mulier, pachucho, rosicler, tróspido, uñir o zaquizamí, pero desde que me piden *passwords* que incluyan mayúsculas, minúsculas, números y otros símbolos esotéricos, he comenzado a dudar de mi coeficiente intelectual. «Fernando_1961» con F mayúscula no me vale porque somos miles en el mundo

---

22. Daniel CASSANY: *En_línea. Leer y escribir en la red*, Anagrama (Barcelona, 2012), p. 55.

de habla hispana e «Iwasaki_1961» con I mayúscula tampoco, porque en Japón llenaríamos un polideportivo. Pero es que en Brasil hay cinco «Fernandos Iwasakis» que me han dejado sin *password* en gmail, yahoo, eBay, el ID de Apple y el App World de Blackberry. Yo los he madrugado en Iberlibro.com, pero creo que no se han dado ni cuenta.

Once

En el habla coloquial se acepta que no hay que mezclar la velocidad con el tocino, mas en los ambientes digitales sí se confunde a menudo la velocidad con la prosodia. Las nuevas tecnologías son maravillosas, pero sin la creatividad humana no serían más que frígidas teclas alfanuméricas. En la égloga primera, Salicio se chamusca en el encendido fuego en que lo quema Galatea, pero en el mismo verso de su memorable lamento crepita el triunfo de su fantasía erótica, como demostraré ahorrando caracteres sin escribir mal y transformando el lenguaje sin traicionarlo:

Oh, más dura que mármol a mis quejas
¿O más dura que mármol a mis?
Oooh, más dura que mármol, ¿ah?
Oooh… más dura que mármol…
¡O más durá qué!
Oooh… ¡más dura!
Oooh… ¡más!
Oooh…

MIRAR EN ESPAÑOL

¿A quién no le ha ocurrido abrir un correo, un WhatsApp o un diario digital y encontrarse con oraciones parecidas a «3l g0b13rn0 d3sc4rt4 b4j4r l0s 1mp@3st0s»? En realidad, los duendes de la imprenta son serafines al lado de los demonios de los ordenadores, porque de pronto al corrector ortográfico del procesador de textos le sale de las teclas reemplazar «rosicler» por «reciclar» o lo mismo un algoritmo con disritmia decide que el «odren de lsa retlas no ipmotra». Y lo peor de todo es que achinando la vista llegamos a descifrar tales mensajes, porque la experiencia de leer «tuits» sin puntuación, «posts» sin tildes, titulares sin concordancia y reportajes con faltas de ortografía nos ha familiarizado tanto con la indigencia expresiva, que casi podemos leer de corrido «Wapa t doy 1 tq x FB. Xoxo».

Me trae sin cuidado el deterioro del inglés u otros idiomas en los medios digitales, porque la única decadencia que me concierne es la de mi lengua. Conozco a jóvenes que carecen de aptitud verbal para advertir los matices que existen entre la indiferencia, los desaires, el desdén y el desprecio, aunque se trate de gestos que propinan y reciben un día sí y otro también. Si un hispanohablante no es capaz de discernir las magnitudes que separan una ofensa de una traición o un malentendido de una trifulca, y confunde el perdón con el servilismo y la humildad con el cálculo interesado, su incompetencia no solo será lingüística sino emocional. Por eso me inquieta contemplar nuestro vocabulario periodístico trufado de «líneas rojas», «tormentas de ideas», «hojas de ruta» y otras frases traducidas al tuntún que empobrecen nuestro español.

Cuando Jesús Carrasco publicó su novela *Intemperie* (2013), algunos reseñadores destacaron fascinados el uso de palabras provenientes del campo y del mundo rural, como si no existieran los libros de Miguel Delibes, Luis Berenguer o José Antonio Muñoz Rojas. Por fortuna los méritos de Jesús Carrasco son otros y harto más coruscantes, aunque haya tenido que apechugar con elogios menores como «dominar» su propia lengua con soltura. Cuando las palabras de nuestro mismo idioma nos producen asombro, quiere decir que las miramos con extrañamiento y desde otro lugar que ya no es el que deberíamos ocupar como hispanohablantes.

Mi querido Juan Gil –Académico de la Real Academia Española– me exhorta a emplear en mis columnas esas palabras olvidadas que están a un tris de desaparecer, porque gracias a las ediciones digitales se convierten en impactos que un algoritmo amaestrado por la RAE registra como indicio inequívoco de buena salud en el habla.

Por lo tanto, para mirar en granado español hay que aricar las páginas de la prensa, regabinar entre líneas y verdear palabras antiguas y tremolantes para que no mueran desleídas. Para que los satanaces digitales no vuelvan a convertir el rosicler en «reciclar».

PRIMATES EN POLÍTICA

Durante los últimos años del siglo XIX y primeros del XX, don Mariano de Cavia (1855-1920) tenía una tribuna en *El Imparcial* desde donde defendió la lengua española y arremetió contra los «galicursis» y cuantos «pedescriben». Aquellas columnas fueron reunidas póstumamente en *Limpia y fija* (Madrid, 1922) –por aquello de «limpia, fija y da esplendor», lema de la RAE– y entre sus páginas descubrí divertido cómo don Mariano deploraba que el vulgo ignaro llamara «primates» a los políticos y que a los tales políticos les encantara el mote porque «como ellos, por lo común, son gente de muy escasa instrucción general, han aceptado el apodo tan satisfechos y ufanos; porque su raíz y su desinencia –el sonsonete más bien– les suscitan la idea de *primacía* y de *magnates*».

Don Mariano proclamaba rotundo que «en castellano claro y limpio, los que tienen alguna primacía son *primados*» y que primates –más bien– «es el nombre masculino de un orden de mamíferos que comprende los designados vulgarmente con el nombre de monos». Sin embargo, los políticos de aquella época se sentían tan importantes cuando los llamaban «primates», que don Mariano de Cavia los fulminó así: «De modo que ya saben el orondo don Fulano y el inflado don Mengano. Cuando en los periódicos se les da el mote de «primates», no se hace más que equipararles con los cuadrumanos que empiezan en el gorila y acaban en el tití»[23].

Intrigado por la lectura de aquel texto me dirigí a la última edición del DRAE y leí perplejo: «PRIMATE (del lat. primas -ātis). adj. *Zool.* Se dice de los mamíferos de superior organización, plantígrados, con extremidades terminadas en cinco dedos provistos de uñas, de los cuales el pulgar es oponible a los demás, por lo menos en los miembros torácicos. || 2. m. Personaje distinguido, prócer». ¿Quiere decir entonces que el uso popular de la voz «primate» convirtió a los políticos en «primates»?

En efecto, porque la palabra de marras entró por primera vez en la edición de 1913 del DRAE con la única acepción de «Personaje distinguido; prócer». Esta definición se mantuvo en solitario a lo largo de las ediciones de 1925, 1927, 1936 y 1939, hasta que en la edición de 1947 la entrada correspondiente a «primate» quedó así: «Zool. Orden de los mamíferos superiores que comprende principalmente a los monos». Sin embargo, en la edición de 1956 el DRAE volvió a admitir la acepción de «Personaje distinguido, prócer»; dejando en evidencia la mala leche de los académicos que estamparon el adverbio «principalmente».

Al parecer, don Mariano de Cavia luchó en vano contra el uso popular de la voz «primate» aplicada a ministros, diputados y concejales, porque el habla soberana consagró su inclusión en la norma y así desde 1913 todos los políticos son «primates». ¿En otras lenguas ha ocurrido lo mismo? Casi, porque en in-

---

23. Mariano de CAVIA: «Los primates», en *Limpia y fija*, Renacimiento (Madrid, 1922), pp. 158-159.

glés «primate» sería la traducción de «primado» y en consecuencia define a obispos, arzobispos y cardenales, además de a los consabidos simios, tal como lo recoge el popular *Dictionary & Thesaurus* de Merriam-Webster: «1. Mammals: any member of the group of animals that includes human beings, apes, and monkeys. || 2. Religion: the highest ranking priest in a particular country or area in some Christian churches (such as the Church of England)»[24].

Por lo tanto, queda autorizado el uso del sustantivo «primate» para referirse a los políticos sin incurrir en agravio u ofensa, salvo alusión expresa a los encantadores monos, quienes merecen todo nuestro respeto.

---

24. G. & C. MERRIAM: *Dictionary and Thesaurus*, Merriam-Webster Inc. (Springfield, 2007).

CUADERNOS

Leo que en las escuelas de Finlandia –espejo de todos los sistemas educativos del planeta– los niños dejarán de aprender a escribir a mano porque van a recibir clases de mecanografía para escribir directamente en los teclados. Sin duda esa corriente pedagógica y digital terminará imponiéndose en todo el mundo, lo cual acarreará la progresiva desaparición de lápices, bolígrafos, rotuladores y estilográficas, por no hablar de los cuadernos, los blocs de notas y los papeles artesanos. Carezco de autoridad para opinar sobre las ventajas o desventajas de tamaño cambio de paradigma, mas sí puedo proclamar el inmenso placer que me produce escribir a mano, semejante al que me produce acariciar cualquier trasto de escribir como las antiguas máquinas, los frascos de tinta o los tipos emplomados de los abolidos talleres de tipografía.

Desde hace años, cada vez que viajo a países remotos y ciudades literarias, compro lápices, cuadernos, sacapuntas y papeles verjurados que atesoro como alhajas, porque pienso que a mis hijos, a mis futuros nietos y a los que vengan más adelante, les parecerá un regalo poseer tales reliquias. Somos los últimos habitantes de un estilo de vida que se extingue, y nada como la caligrafía, los dibujos y los libros subrayados para dejar fragmentos vivos de nuestra efímera humanidad. En realidad, quienes tenemos la costumbre de garabatear los libros escribimos una suerte de autobiografía en fichas, márgenes u hojas de respeto.

Hace unos días me puse a hojear un libro que subrayé hace más de veinte años. ¿Cómo dialogarán los nietos de mis nietos con los subrayados que les aguardan en esta biblioteca que algún día será centenaria aunque uno todavía no haya cumplido los sesenta? Cuando era alumno universitario adquirí la costumbre de resumir en un cuaderno los libros que leía para mis estudios y más de una vez –releyendo aquellos apuntes– me he sentido hermano mayor e incluso padre del muchacho que fui. Tal vez dentro de unos años me sienta su abuelo y entonces no me importe perdonarme.

A comienzos de los noventa mi madre me obsequió algo que ella consideraba un tesoro personal: los poemas que mi abuela copiaba a mano en unos papeles que recibí cuando carecía de la conciencia que ahora tengo y que me vino de sopetón el día que cumplí los cincuenta. ¿Cómo así la mamama Manuela copiaba versos de Amado Nervo, Rubén Darío, Villaespesa o Herrera y Reissig? ¿Se los entregaría la mamama en persona para que los salvara o tal vez mi madre los encontró en un cajón mientras vaciaba armarios una desolada mañana de enero de 1973? Ya nunca podré saberlo, porque la memoria de mi madre se disuelve risueña en una niebla mágica. Sin pena, sin prisa, sin dolor.

En casa guardamos poemas y dibujos de mi suegro Eduardo, las postales que el joven teniente Iwasaki le mandaba a su madre desde la helada Ilave y más de un cuaderno, tarjeta o esquela manuscrita. Por eso quiero que los cuadernos de casa le expliquen a quienes me sobrevivan por qué tantos libros, tantos árboles y tantas memorias, porque sospecho que los ordenadores, las tabletas y los *pendrives* de ahora se volverán inútiles como los disquetes antiguos o su contenido se disolverá en otra niebla, como los chats del WhatsApp de una BlackBerry reseteada.

VOCES DE ANIMALES

Una de mis últimas adquisiciones por librerías de viejo es el tomo tercero de los deliciosos *Entretenimientos gramaticales* (1891) del erudito venezolano Baldomero Rivodó (1821-1915), un libro poblado de palabras olvidadas, desleídas o expulsadas del habla coloquial por la corrección política.

Como buenos «entretenimientos», Rivodó desparramaba su filología sobre aspectos curiosos y divertidos de la lengua. Por ejemplo, los géneros gramaticales y la necesidad de «habilitar algunos femeninos que antes no se usaban, o que ni existían siquiera»[25]. ¿Cuáles fueron esos sustantivos femeninos dilucidados a fines del siglo XIX? Por ejemplo, «doctoresa», «di-

---

25. Baldomero RIVODÓ: *Entretenimientos gramaticales*, Librería Española de Garnier Hermanos (París, 1891), p. 85. La cita completa es impagable: «En la época actual en que la mujer se dedica, quizá con extremo temerario, al desempeño de oficios y profesiones que en otros tiempos le estaban vedados; funciones que con frecuencia la destituyen de sus más importantes y bellos atributos y de sus más preciados atractivos, para convertirla en un ser híbrido y andrógino; en nuestra época, decimos, se hace necesario habilitar algunos femeninos que antes no se usaban, ó que ni existían siquiera» (loc. cit.).

rectriz» o «juristina», aunque el uso popular finalmente haya consagrado las voces «doctora», «directora» o el epiceno «jurista». Sin embargo, no sería incorrecto hablar de la «Ministrina» de Salud, la «Defensatriz» del Pueblo o la «lideresa socialistina», aunque lo mejor ha sido descubrir que la hembra del cocodrilo es la «cocotriz», que los «culebros» se extinguieron sin alharacas ideológicas y que una cosa es una «lagartezna» y otra muy distinta una «lagarta», porque las primeras son diurnas y de campo mientras que las segundas son nocturnas y más bien urbanas, tal como recoge el DRAE: «lagarta. 3. f. coloq. Mujer taimada». Debo decir que en el castellano de América no existen tales diferencias porque allá las «lagartas» siempre han sido «cocodrilas», aunque ahora reconozco que les iría mejor como «cocotrices» («cocodrila» todavía no ha llegado al DRAE, pero todo se andará, porque las «cocodrilas» son muy andariegas y –para mí– nada taimadas).

Otro maravilloso «entretenimiento» es el dedicado a los diminutivos de los nombres propios de las personas, porque uno ignoraba que Chichí era el diminutivo de Cecilia o Argina el de Regina, y que muchos diminutivos han terminado divorciándose del original, como Angelina (Ángeles), Azucena (Susana), Fabiola (Fabia) o Estrella (Esther). A manera de hispalense curiosidad cabría agregar que el femenino de Macario es Macaria y su diminutivo apropiado Macarina, pero en Sevilla triunfó el más flamenco, mariano y cariñoso «Macarena», origen de otro hermoso nombre de mujer.

Sin embargo, el capítulo más bello de los *Entretenimientos gramaticales* es el que Baldomero Rivodó reservó a las voces de los animales. Para una persona del campo, un cazador o un lector de Luis Berenguer y Miguel Delibes, quizá las voces que voy a espigar no constituyan ninguna novedad, pero a mí me ha hecho feliz saber que los cuervos *crascitan*, *crotoran* las cigüeñas, *voznan* los cisnes, *parpan* los patos, *trisan* las alondras y *chuchean* los búhos. Uno sabía que los gatos maullaban pero ignoraba que sus cachorros *miaban*, a semejanza del borrico joven que no sabe rebuznar porque apenas *rozna* o los cochinillos lechales que jamás gruñen porque solo *guañen*. ¿Cómo he podido ignorar que las musarañas *musitan*?

Todas las voces, usos y palabras que Baldomero Rivodó conjuró en sus *Entretenimientos gramaticales*, figuraban en la edición duodécima del DRAE (1869), pero muchas de ellas han desaparecido ya del habla y de la norma. ¿Por qué *himplar* continúa entonces en el DRAE? («himplar. 1. intr. Dicho de una onza o de una pantera: emitir su voz natural»). Porque la voz de las panteras debe ser tan seductora como la de las «lagartas». O mejor todavía, tan dulce como la de las «cocodrilas», que siempre son mayores de cuarenta pero jamás menores de treinta.

QDAMS N L'KFTRÍA? ☺

Mientras la lengua española nacía en el Monasterio de San Millán de Yuso hace poco más de mil años, la estricta rutina conventual venía alumbrando otro prodigio desde el siglo séptimo, pues las horas canónicas establecidas por el Papa Sabiniano propiciaron la invención de una máquina, un ingenio técnico, que primero reguló el metabolismo de los monasterios, luego de las ciudades y finalmente de toda la humanidad. Esa máquina esencial era el reloj, porque gracias a los relojes podemos mensurar el tiempo, disociarlo, fragmentarlo e incluso abstraerlo, para sincronizar, programar y cronometrar nuestras actividades. Sin embargo, antes de la invención de los relojes fueron las oraciones de los monjes, señaladas con los tañidos de las campanas, las que marcaron las horas de las jornadas de los hombres medievales, durante los siglos de preparación cultural que crearon las necesidades y condiciones técnicas para la invención de los relojes. Si la lengua española fuera el tiempo, me haría ilusión que las Tecnologías de la Información y el Conocimiento (TIC) tuvieran sobre ella las consecuencias bienhechoras de los relojes.

Doy por sentado que cuando se habla del futuro de nuestro idioma gracias a las TIC, no hablamos de las infinitas posibilidades de transmisión y almacenamiento, sino de los presuntos cambios que deberían producirse en el ámbito de la escritura, en los hábitos de lectura y en la esfera de la creación. Trataré de resumir mi escepticismo para cada uno de esos casos.

Siempre había pensado que el castellano era de sus hablantes y en ningún caso de las academias, pero ante el auge del mal uso del idioma y de la prisa de los académicos por bendecir voces como «murciégalo» y «oenegé» (palabro que allana el camino para «jotapegé»), creo que las lenguas –cualquier lengua– les pertenecen a quienes las hablan bien y las escriben mejor. ¿De qué sirve tanta mojiganga para proteger la eñe y garantizar su existencia en los teclados si luego la gente escribe *siweña* con «s» y «w»? Algunos de los principales idiomas del planeta derivan hacia un esperanto mutante trufado de expresiones en inglés rupestre o de malas traducciones y peores doblajes de aquel horroroso sucedáneo *wild* de la lengua de Wilde. Si tal fuera el futuro del castellano –como se puede entrever en la escritura de los SMS, los foros, las cibercharlas y las redes sociales– me apresuro a señalar como sus principales guardianes a los hispanistas de otras lenguas, los traductores del español a otros idiomas, los intérpretes simultáneos de cualquier país no-hispanohablante y hasta los miles de alumnos de castellano que se matriculan en academias, escuelas y universidades de todo el mundo. Ellos jamás escribirían *siweña*, no solo por su fascinación hacia la eñe, sino para saborear la ce intervocal, ese diptongo tónico y su estrépito palatal: ci-güe-ña. Por lo tanto, para mí el castellano le concierne más a un hispanista húngaro que a un ignaro de cualquier país hispanohablante. ¿Qué ocurriría si las ediciones digitales de los periódicos españoles decidieran no publicar los comentarios con faltas de ortografía? ¿Cuántos postulantes no aprobarían la selectividad si la mala ortografía conllevara su descalificación? Que nadie se extrañe si dentro de unos años las *siweñas* anidan en el diccionario de la RAE.

Por otro lado, la idea de que la gente consumirá más arte, literatura y conocimiento gracias a la hegemonía de las pantallas sobre el papel, se me antoja una candidez. ¿Por qué quienes no leen libros de papel sí tendrían que leer libros electrónicos? En realidad, quienes ya leen novelas impresas las seguirán leyendo en ediciones digitales y quienes solo leen prensa deportiva o revistas del corazón las seguirán leyendo –¡ay!– en iPad o en lo que se tercie. Si ni siquiera el hábito hace al monje, parece mentira que nos quieran hacer creer que el *e-reader* hará el hábito.

Durante siglos, la necesidad de señalar las horas preparó culturalmente a la humanidad para entender el tiempo como una magnitud. ¿Existe hoy una perentoria necesidad de leer que nos prepare culturalmente para entender todo lo que las TIC suponen? Para el ocio, la diversión y el entretenimiento, desde luego que sí. Para la cultura, el aprendizaje y el conocimiento probablemente no, porque una cosa es el hábito de la lectura y otra muy distinta el negocio de la lectura. Por ejemplo, almacenar miles de títulos literarios en un libro electrónico es un negocio virtual para las editoriales, pero almacenar trescientos manuales escolares en una tableta sería virtualmente una ruina para esas mismas editoriales. ¿Por qué solo se habla del libro digital literario y jamás del libro digital escolar? Porque el negocio consiste en que los niños carguen mochilas de catorce kilos aunque el progreso suponga que solo transporten una tableta de medio kilo.

¿Y qué decir del futuro de los hábitos de lectura en plena abdicación de la *auctoritas* en el campo de la enseñanza de las humanidades? Un prurito de corrección política inhibe a una mayoría de profesores de letras a obligar a leer, tal como me inhibo yo a utilizar la palabra «autoridad», tan malsonante aquí en España. ¿Por qué nadie le pregunta a los profesores de ciencias si es legítimo obligar a un adolescente a calcular porcentajes, simplificar polinomios, sumar exponentes, factorizar radicales, resolver ecuaciones y descifrar logaritmos? A mí me obligaron –incluso– a estudiar números que ni siquiera eran reales, porque los profesores de ciencias no dudan, no vacilan y jamás se sienten culpables; pero los de humanidades podrían parafrasear a Caín: «¿soy yo acaso el profesor de mi alumno?». Si nadie quiere obligar, impeler o instar a leer a los adolescentes, por lo menos deberíamos regalarles los libros con el mismo eslogan con que les repartimos preservativos en los institutos: «Nunca sabes cuándo vas a tener que usarlo». Y ya que recurro a este ejemplo, aprovecho para confesarles que pienso que el libro electrónico tiene que ser como el Viagra: sin duda es una maravilla, pero ojalá no tenga que utilizarlo.

Finalmente, quiero terminar refiriéndome a las nuevas formas de creación literarias supuestamente originadas en los chats, los blogs, los SMS y la ciberescritura, muchas de las cuales han sido recogidas en antologías y editoriales nacidas expresamente para difundirlas. Pues bien, si han sido impresas sobre papel no representan ninguna novedad, porque lo mínimo que se le puede exigir a un cambio de paradigma es un cambio de soporte. ¿Hay algo peor que el *spam* o publicidad indeseable? Sí, los letraheridos de Twitter que envían sus *tweets* por correo electrónico a quienes no estamos en Twitter.

Todavía no he visto en el ciberespacio nada que sea intrínsecamente distinto a los caligramas de Apollinaire, a los *Exorcismos de esti(l)o* (1976) de Guillermo Cabrera Infante o a las originales propuestas de Julio Cortázar en *Último round* (1969). Ni siquiera la penosa ortografía de la red tiene algo en común con las irreverencias ortográficas del vasco Miguel de Unamuno, el peruano Manuel González Prada o el andaluz Juan Ramón Jiménez. Compararlas supone confundir el arte con la pereza, la originalidad con el ahorro y la clarividencia con la ignorancia. ¿Y qué modernidad es esa de expresar una idea recurriendo a símbolos, jeroglíficos y pictogramas como en Altamira o el antiguo Egipto? Sospecho que lo que nos quieren colar como creación es traducción de paupérrimo nivel, existiendo como existen traducciones más creativas y singulares.

Hace algunos años el padre Antonio Alonso, capellán de la cárcel de Carabanchel, acometió la titánica tarea de traducir la Biblia al «cheli» o jerga de las cárceles. El resultado fue *El Chuchi, los colegas y la basca*[26] (1994) –por si acaso, la «basca» eran los pecadores, los «colegas» los apóstoles y el «Chuchi» Jesucristo–, genuino descendiente del *Coloquio entre la Torresaltas y el rufián Cortaviento,* escrito en germanía o dialecto jácaro por Rodrigo de Reinosa e impreso en dos pliegos en 4.º hacia 1612. Pero ya puestos a explorar las diferencias entre la traducción y la evolución de la creación literaria, procedo a glosar el primer párrafo del *Quijote* traducido al spanglish por el profesor Ilan Stavans: «*In* un *placete* de La Mancha *of which* nombre no quiero *remembrearme*, vivía, *not so long ago*, uno de esos *gentlemen who always* tienen una lanza *in the rack*, una *buckler* antigua, *a skinny* caballo y un *grayhound* para el *chase. A* cazuela *with* más *beef than* mutón, carne *choppeada* para la *dinner*, un *omelet* pa' los Sábados, *lentil* pa' los Viernes, y algún *pigeon* como *delicacy* especial pa' los Domingos, consumían tres *cuarers* de su *income*»[27]. Teniendo en cuenta que el spanglish lo hablan cuarenta y cinco millones de personas, ¿por qué tendría

26. Antonio ALONSO y Javier GÓMEZ: *El Chuchi, los colegas y la basca. La Biblia en cheli*, Central Catequista Salesiana (Madrid, 1994).

27. Ilan STAVANS: *Spanglish: The Making of a New American Language,* Harper Collins Publishers (New York, 2003), p. 253.

que extrañarnos que el *Quijote* en spanglish haya tenido más descargas que en todos los países de habla hispana juntos? Si ese es el camino de la evolución de la literatura en español, sería bueno que alguien lo diga alto y claro.

Siempre he creído que si la lengua fuera el conjunto de las reglas del ajedrez, el habla sería el universo de jugadas posibles. Por lo tanto, la evolución y la creatividad tendrían que darse siempre dentro de las reglas y no tratando de mover los alfiles como si fueran caballos, reemplazando la «Q» por la «K», comiendo con peones como si fueran torres o escribiendo *wapa* por «guapa» y *weno* por «bueno». Sin embargo, cuando uno advierte que estos barbarismos son consecuencia del uso y abuso de las nuevas tecnologías por parte de modorros e indocumentados, los campeones de la modernidad nos niegan el pan y la ADSL, como si uno estuviera en contra del progreso, la tecnología o ligar por internet.

Los viejos relojes medievales siguen marcando las horas con perseverancia de bolero y todavía a ningún alcalde se le ha ocurrido dinamitar las torres y los campanarios de las viejas iglesias para sustituirlos por gigantescos bloques de metacrilato con relojes multimedia que den la hora, el tiempo, las noticias y los horarios de metros, trenes y autobuses, porque los relojes medievales son para que los disfrutemos todos y los relojes digitales para que los disfrute cada uno. Con los teléfonos móviles más sofisticados debería ocurrir lo mismo, mas por desgracia el auge de las nuevas tecnologías nos ha convertido a todos en usuarios pasivos de iPhones, BlackBerries y toda la caterva de *smartphones*. Y que conste que la culpa no es de la tecnología sino de la mala educación.

Someto a la consideración del prójimo si el pictograma «Qdams n l'kftría? ☺» supone una evolución, un salto cuantitativo o una *aufhebung* hegeliana. Mi idea es que quienes escriben bien y además consumen arte, literatura y conocimiento no representan una gran oportunidad de negocio, por lo que el impacto de su excelencia apenas se notará. En cambio, quienes escriben mal y solo consumen ocio, diversión y entretenimiento serán los destinatarios de los nuevos contenidos y sus necesidades marcarán los derroteros del futuro del español.

Que san Millán nos conserve la eñe.

CARICIA ENCUADERNADA

En mayo de 1888 doña Emilia Pardo Bazán –escritora, condesa, divorciada y amante de don Benito Pérez Galdós– conoció en Barcelona a José Lázaro Galdiano, millonario, mecenas, coleccionista rumboso y secretario de la Exposición Universal de Barcelona. Doña Emilia tenía treinta y siete años, Lázaro Galdiano veintiséis y el siglo XIX agonizaba. Corrían los últimos días de aquel mes de mayo y aquellos dos jóvenes encendieron una pasión que ardió turbulenta a través de Barcelona, Oporto y Madrid.

Sin redes sociales ni mensajerías digitales, don Benito Pérez Galdós terminó enterándose del *affaire* de doña Emilia y decidió castigarla con el látigo de su silencio. Sin dudarlo, doña Emilia le pidió perdón en una de las cartas de disculpa más memorables que he leído: «Nada diré para excusarme, y solo a título de explicación te diré que no me resolví a perder tu cariño confesando un error momentáneo de los sentidos fruto de circunstancias imprevistas. Eras mi felicidad y tuve miedo a quedarme sin ella. Creía yo que aquello sería para los dos culpables igualmente transitorio y accidental. Me equivoqué:

me encontré seguida, apasionadamente querida y contagiada»[28]. Como Galdós frisaba la provecta edad de cuarenta y cinco años, doña Emilia terminó su carta con una reconvención casi conyugal: «Haz por comer y no fumes mucho».

Don Benito perdonó a doña Emilia y la escritora siguió siendo una de sus amantes, al igual que la actriz Carmen Cobeña, la poetisa Sofía Casanova, la cantante Marcela Sembrich, la artista Elisa Cobún, la actriz Concha Catalá y la viuda Teodosia Gandarias. Galdós jamás quiso casarse con ninguna de ellas, aunque tuvo una hija con la modelo Lorenza Cobián. Doña Emilia tampoco demostró un gran interés por volver a casarse, acaso porque dedicó mejores esfuerzos a ser admitida en la Academia Española, donde su candidatura fue rechazada tres veces.

Las cartas de doña Emilia Pardo Bazán a don Benito Pérez Galdós han sido compiladas por Isabel Parreño y Juan Manuel Hernández en *«Miquiño mío». Cartas a Galdós* (2013), un libro delicioso donde podemos ver cómo la condesa trataba de «ratón» al autor de los *Episodios Nacionales*. Así, «Ratonciño: tu rata está aquí, en el Hotel Central, Rue Lafayette» (París, 18.06.1889) o «Mi ratón: estoy en las agonías de los últimos momentos y por eso seré concisa y expresiva. El plan es salir de aquí mañana temprano hacia Lourdes y dormir en el santuario» (París, 05.07.1889). Como se puede apreciar, lo mismo servía para una urgencia el Hotel Central como el santuario de Lourdes, pues como reconoció doña Emilia a don Benito en carta del 28 de marzo de 1889: «Conozco que tiene V. razón en lo que me dice sobre los inconvenientes de la propincuidad

28. Emilia PARDO BAZÁN: *«Miquiño mío». Cartas a Galdós*. Edición de Isabel Parreño y Juan Manuel Hernández, Turner Noema (Madrid, 2013), p. 91.

de los habitáculos». Admitamos que si una señora nos habla de la «propincuidad de los habitáculos» es que la cosa va en serio.

Sin embargo, a comienzos del siglo XX, José Lázaro Galdiano sí contrajo matrimonio con una rica, joven y triple viuda argentina, aunque en 1889 ya había fundado *La España Moderna*, una de las más fastuosas revistas literarias españolas donde colaboraron Unamuno, Menéndez Pelayo, Emilia Pardo Bazán y –por supuesto– don Benito Pérez Galdós. El Museo José Lázaro Galdiano custodia valiosos tesoros que acreditan el gusto y el poderío del banquero, editor y mecenas, pero acaso el más exquisito sea un minúsculo poemario encuadernado en piel.

Transcribo la dedicatoria de doña Emilia Pardo Bazán, que Isabel Parreño y Juan Manuel Hernández encontraron en aquel bellísimo libro de versos: «A José Lázaro Galdiano. Este ejemplar va encuadernado con un guante mío y con la intención le acompaña la mano que vistió el guante y escribió los versos. Emilia». Si el pacífico y bucólico lector da cuenta de estas líneas en una frígida pantalla, le costará comprender –sin textura, sin aroma, sin la memoria de la mirada– la hondura de aquella caricia encuadernada.

LA MANCHA EXTRATERRITORIAL[29]

De un tiempo a esta parte aprecio un desmedido entusiasmo por el incremento de hispanohablantes en el mundo y un jolgorio especial por el ascenso del español en Estados Unidos. De hecho, desde España se promueve la entronización del «Día Eñe», precisamente para celebrar que ya somos más de quinientos millones quienes hablamos la lengua de Cervantes y que en USA crece la audiencia de canales hispanos como Univisión, gracias al fútbol, las telenovelas y los programas que sintonizan todos esos televidentes que han convertido a Estados Unidos en el segundo país del planeta con mayor número de hispanohablantes después de México. Nadie comenta, sin embargo, el progresivo cierre de librerías como «Eliseo Torres», «Lectorum» y «Macondo», las únicas que vendían libros en español en Manhattan. En realidad, Nueva York refleja muy bien la verdadera situación de nuestro idioma en USA: millones

---

29. «La Mancha Extraterritorial» se publicó en el diario chileno *El Mercurio* (Santiago, 17.08.2014) y ganó el Premio «Don Quijote» 2015 en la XXXII edición de los Premios de Periodismo Rey de España. Se incluye en la presente edición por su afinidad con los ensayos de *Las palabras primas*.

de hispanohablantes viendo por televisión el partido México-Holanda y ni una sola librería de habla hispana.

Antes de recibir el premio Príncipe de Asturias de 2001, el filósofo George Steiner se disculpó por no poder expresarse en español. Steiner habla francés, inglés, alemán, italiano, hebreo, griego clásico y latín. ¿Sería más sabio si dominara el español? Probablemente no. Saber castellano puede ser muy útil para hacer turismo, comprender canciones, ver películas, copiar alguna receta y –lo más sofisticado– disfrutar de ciertos poetas y escritores; pero en ningún caso para beber de las propias fuentes del conocimiento, pues ni la ciencia de primer nivel, ni los grandes negocios, ni la alta diplomacia emplean el español. De hecho, los idiomas oficiales de la Comisión Europea son inglés, francés y alemán, mientras que el uso del castellano para la diplomacia y los negocios solo se da cuando una de las partes habla español.

La importancia de una lengua no radica en el número de sus hablantes, ya que entonces tendríamos que concluir que el chino y el hindi serían los idiomas más importantes del planeta. La aritmética no debería tener la última palabra en materia cultural, como quedó demostrado después de aquella votación que determinó que la palabra más bella del idioma español era «Querétaro», un topónimo mexicano en lengua purépecha, lo que quiere decir *sushi*, *darling* o *collage* también podrían haber ganado. No. La importancia de una lengua estaría determinada, más bien, por su grado de influencia en la vida cotidiana de las sociedades o en la aprehensión del conocimiento. Steiner ponderó en 2001 la hegemonía del «angloamericano» en el primer aspecto y tan solo su creciente importancia en el segundo. Uno añadiría que el español tiene cada día más valor en la vida cotidiana de millones de hombres y mujeres, mas una nula importancia en la aprehensión del conocimiento.

Las lenguas que más han contribuido al conocimiento filosófico, humanista, social, económico y científico de occidente son el alemán, el griego clásico, el francés, el latín, el inglés y el italiano. Steiner aseguró en su discurso de Oviedo que no podemos hablar de lenguas pequeñas o insignificantes, pues hasta los dialectos del desierto de Kalahari tienen matices sobre el concepto del futuro que Aristóteles no pudo dilucidar a través del griego clásico. Políticamente muy correcto, pero ni falta que le hizo a Aristóteles conocer los dialectos del desierto de Kalahari, tal como Steiner tampoco ha necesitado saber castellano.

Que nadie vea en estas reflexiones una crítica a Steiner o un menosprecio hacia el español. George Steiner es un humanista de una lucidez prodigiosa y nuestro idioma es una lengua bellísima. Pero un idioma supone una cultura y una cultura supone una sociedad. Y en las sociedades hispánicas un intelectual como George Steiner habría muerto asesinado antes de terminar la secundaria por «saber demasiado». ¿Quién habría soportado a un niño que a los seis años ya había leído la *Ilíada*? Nuestras sociedades no valoran el conocimiento sino el reconocimiento, que no es lo mismo ni se obtiene igual.

Uno está convencido de que hay sociedades seducidas por el placer del conocimiento, mientras que otras sociedades se entregan al conocimiento del placer. Semejante dicotomía se aprecia cuando uno analiza los presupuestos destinados a la investigación científica y humanística en los países del primer mundo. ¿Qué lugar ocupamos los países latinoamericanos en el escalafón mundial de la investigación? ¿Y qué lugar ocupa España con relación a Japón, Alemania, Francia o Estados Unidos? Parafraseando a Bartleby el escribiente, preferiría no decirlo.

Advertía Steiner que nunca como en nuestros días ha existido más información y menos conocimiento. ¿Cuáles son las lenguas de la información? La primera el inglés y la segunda el español; aunque el inglés es una de las lenguas del conocimiento y el español no llega a tanto. En español tenemos excelente literatura –Cervantes, Borges, Vallejo, Neruda, García Márquez, Bolaño, etcétera– pero ninguna contribución esencial en filosofía, psicoanálisis, teoría literaria, ciencias sociales, ciencias puras, etcétera. Acaso ahí radique nuestra «importancia»: el español es una de las lenguas supremas del arte, la música y la literatura. Una lengua entregada al conocimiento del placer y a veces al reconocimiento del conocimiento.

El pasado 14 de junio se cumplieron 28 años de la muerte de Jorge Luis Borges, el último genio de la literatura universal y el gran clásico de la lengua española después de Miguel de Cervantes. En vida Borges fue admirado por Beckett, Calvino y Nabokov, aunque tras su muerte los adoradores no han dejado de multiplicarse. Así, Eco, Steiner, Kundera, Rushdie, Bloom, Naipul o Coetzee son algunos de los que proclaman su devoción por el gran escritor argentino, una de las cinco grandes figuras literarias del siglo XX junto a Kafka, Proust, Faulkner y Joyce. Es decir, un genio en lengua española a la par de los genios en lengua alemana, francesa e inglesa. Sin Borges nuestro idioma siempre sería muchísimo más pobre, aunque fuésemos cinco mil millones de hispanohablantes chapurreándolo malamente.

Algunos de los principales idiomas del planeta derivan hacia un esperanto mutante trufado de expresiones en inglés rupestre, malas traducciones y peores doblajes de aquel horroroso sucedáneo *wild* de la lengua de Óscar. Si tal fuera el futuro del castellano –como se puede entrever en la escritura de los SMS, los foros, las cibercharlas y las redes sociales– me apresuro a señalar como sus principales guardianes a los hispanistas de otras lenguas, los traductores del español a otros idiomas, los intérpretes simultáneos de cualquier país no hispanohablante y hasta los miles de alumnos de castellano que se matriculan en academias, escuelas y universidades de los cinco continentes. Aunque por encima de todos, a los escritores de La Mancha Extraterritorial. Es decir, a quienes eligieron el español como lengua literaria.

Siempre habíamos sabido que el ruso Nabokov, el húngaro Koestler y el polaco Conrad escribieron en inglés, tal como el rumano Ionesco, el italiano Turiello y el inglés Beckett escribieron en francés. Sin embargo, gracias a George Steiner hoy disponemos de una nueva categoría –la *extraterritorialidad*– que nos permite analizar de forma coherente y rigurosa a los escritores que construyen su obra desde lenguas y culturas distintas a las suyas o que experimentan una sensación de extrañamiento con respecto a sus propias lenguas y culturas[30]. Así, Milan Kundera, Ismail Kadaré y Jonathan Littell tendrían esa característica en común con el peruano César Moro, el ecuatoriano Alfredo Gangotena o el argentino Héctor Bianciotti, quienes también escogieron el francés como lengua literaria. Los autores de La Mancha Extraterritorial parecen menos importantes por haber elegido el español, pero de ninguna manera es así.

El francés Paul Groussac (1848-1929), el alemán Máximo José Kahn (1897-1953), el judío francés-alemán Max Aub (1903-1972), el rumano Vintilă Horia (1915-1992) y el italiano Alejandro Rossi (1932-2009) llegaron a nuestra lengua maduros y realizados. Otros vinieron de familias inmigrantes o

30. George STEINER: *Extraterritorial* [trad. Edgardo Russo], Siruela (Madrid, 2002): «Un aspecto sorprendente de la revolución del lenguaje fue el surgimiento de un pluralismo lingüístico o «carencia de patria» en algunos grandes escritores» (p. 10) o «Las condiciones de estabilidad lingüística, de conciencia regional y nacional en las que floreció la literatura desde el Renacimiento hasta, digamos, la década de los años cincuenta, se encuentran actualmente en decadencia» (p. 30).

crecieron escindidos entre el español del entorno y sus lenguas maternas. Pienso en el alemán infantil de Roberto Arlt (1900-1942), el italiano de Ernesto Sabato (1911-2011), el quechua de José María Arguedas (1911-1969), el ruso de Alejandra Pizarnik (1936-1972), el japonés de José Watanabe (1945-2007) y el ucraniano de Juan Gelman (1930-2014). La Mancha Extraterritorial es tan rica que –sin contar a Gelman y Sabato– ha dado un par de Premios Cervantes. A saber, el del suizo Alejo Carpentier (1904-1980) y el de la francesa-polaca Elena Poniatowska (1932), quienes se hicieron escritores dentro del español de Cuba y México, respectivamente.

Ahora mismo escriben en castellano una serie de autores que nacieron lejos de las fronteras del español, aunque por sus obras y trayectorias forman parte de las tradiciones literarias que los acogieron. Pienso en los húngaros Pablo Urbanyi (1939) y Kalman Barsy (1942) en Argentina, el checo Mirko Lauer (1947) en Perú, el guineano Donato Ndongo (1950) en España, el chino Siu Kam Wen (1951) en Perú, el ítalo-egipcio Fabio Morábito (1955) en México, la norteamericana-japonesa-alemana Anna Kazumi Stahl (1962) en Argentina, el marroquí Mohamed El Gheryb (1969) en España y la rumana Ioana Gruia (1978) también en España, pero el inventario podría ampliarse si incluyera a los autores nacidos en países de habla hispana por mor de las diásporas, los exilios, las migraciones y las familias multiculturales como Andrés Neuman, Esther Bendahan, Leonardo Valencia, Liliana Colanzi, Maximiliano Matayoshi, Mauricio Electorat, Eduardo Halfon, Pola Oloixarac, Carlos Yushimito, Samanta Schweblin y Enrique Prochazka, entre otros.

Es verdad que somos más de quinientos millones de hispanohablantes y que en USA los culebrones latinos y la Liga Española de Fútbol tienen cada vez más audiencia, pero aunque los escritores Junot Díaz, Sandra Cisneros, Daniel Alarcón y

Julia Álvarez triunfen con sus novelas en Estados Unidos, me permito recordar que las escriben en inglés, porque el inglés es el único idioma que consiente la movilidad social y cultural en USA. Por lo tanto, hasta que no se demuestre lo contrario, La Mancha Extraterritorial –la patria de los narradores que vienen de las afueras del español– es el único territorio donde la lengua de Cervantes todavía es capaz de quijoterías.

PALABRAS DE IDA Y VUELTA

USTED

He recibido su amable carta, querida amiga, y comparto su preocupación acerca de la crisis de la educación. Se ha perdido la distancia elegante que antes existía entre los mayores y los jóvenes, las señoras y los señores, las autoridades y los ciudadanos, los catedráticos y los estudiantes, y entre todas las parejas donde debería imperar siempre el respeto y la cortesía. En España ya nadie emplea el «usted», salvo para demostrarle a otro su enfado.

No tengo elementos de juicio para saber si todo se originó durante la Transición o si en verdad nos ha desconcertado eso que usted llama socarrona la «novelería de la modernidad». Para mí una cosa es la democracia y otra muy distinta la educación. Se puede ser demócrata y educado y está muy bien. Se puede no ser demócrata aunque sí educado, y podríamos charlar divinamente. Se puede ser demócrata pero maleducado, y ya lo tendríamos más difícil. Y estoy persuadido, querida amiga, de que usted creerá como yo, que a un totalitario malcriado que lo aguante su señora madre.

Su madre del malcriado, faltaba más.

Sin embargo, no crea usted que la única pobreza que se abate sobre nosotros es la de la urbanidad. Si la educación se resiente, no vea usted lo que puede ocurrir con el lenguaje. El tratamiento de «usted» requiere unos usos especiales que cada vez se emplean con menos corrección. No es lo mismo el «tú» que el «usted», aunque se trate de la misma persona gramatical. Las fórmulas, el tacto, las conjugaciones, todo varía cuando nos dirigimos a alguien de «usted». De hecho, lo que más le cuesta a un anglosajón empeñado en aprender nuestra lengua es precisamente el uso oportuno del «usted», porque en inglés el *you* se utiliza indistintamente como tratamiento respetuoso y desenfadado.

En América Latina –o Iberoamérica, como usted prefiera– aprendemos a usar el «usted» desde la más tierna edad. Siempre con las personas mayores, los maestros, los amigos de nuestros padres, los padres de nuestros amigos y, por supuesto, con los desconocidos. Hay países como Colombia, donde hablan un castellano finísimo, en los que el «usted» es incluso cotidiano entre padres e hijos. Y créame que pocos placeres más intensos he experimentado como cuando mis profesores universitarios o alguna encantadora señorita me invitaban a tratarles de «tú». Y es que cuando alguien nos pide que le hablemos de «tú» es que vamos por buen camino. Aquí, querida amiga, no hay cómo saberlo. Y créame que eso es un problema.

Como a usted, a mí también se me antoja inapropiado escuchar a los más jóvenes, tuteando sin tapujos a sus mayores. Sin embargo, le aseguro que dentro de muy poco tiempo la educación y la cortesía serán tan escasas, que cotizarán muy alto a la hora de conseguir empleo. Con la monserga de la igualdad de oportunidades, a los licenciados la formación profesional –como a la guardia civil el valor– se les supone, mas no sucede lo mismo con las buenas maneras. Sé que estoy estampando dos palabras que no son políticamente correctas –«buenas maneras»–, pero mis padres no nacieron aquí y no voy a renegar de sus enseñanzas para que parezca que no tengo nada que ver con algo que de verdad no tengo nada que ver.

Amiga mía, le comprendo perfectamente cuando me confiesa que se siente parte de otra época por seguir creyendo en el respeto y la cortesía, mas le aseguro que la libertad y la tolerancia no son las responsables. Tampoco la globalización. No es competencia del Estado formar ciudadanos más corteses y respetuosos, porque esa ha sido siempre una misión de las familias. ¿Y cómo así se ha entronizado la vulgaridad? Pues como se popularizó el amor romántico y señorial: cuando la plebe comenzó a morir de amor. Los rituales del amor civilizaron al personal, pero ahora que el amor no está de moda se han perdido las buenas maneras y la educación es un anacronismo.

Uno de los boleros más hermosos de mi tierra se llama precisamente «Usted», y su letra es un compendio de elocuencia, finura, delicadeza y consideración. ¿Cómo no conmoverse ante ese verso que suplica: «Usted me desespera, me mata me enloquece, y hasta la vida diera por perder el miedo de besarla a usted»?

A la señora del bolero, faltaba más.

AHORITITITA

Una de las cosas que he aprendido en España es que la expresión «ahora mismo» significa «ya», «sobre la marcha», y «de inmediato», y así he ido olvidando ciertos modismos de mi tierra que –sin embargo– vienen a significar cuestiones completamente distintas. Es el caso de «ahorititita», palabro que no necesariamente supone una acción que abarque una expresión de tiempo más breve que «ipso facto».

Evidentemente, «ahorititita» viene de «ahora», pero entre «ahora» y «ahorititita» existen «ahorita» y «ahoritita», dos instancias temporales más bien separadas por horas que por nanosegundos. Por lo tanto, cuando uno se constituye en una ventanilla y el funcionario nos dice muy suelto de huesos: «Ahorititita le atiendo, señor», más vale montar la tienda de campaña porque la vaina tiene para largo.

Como todo el mundo sabe, el castellano de América propende al diminutivo, de modo que nadie toma cervezas sino «cervecitas», no se juega fútbol sino «fulbito» y nadie echa polvos sino «polvitos». No obstante, el diminutivo en América es algo más que una alusión a la brevedad, pues la mayoría de diminutivos connotan cariño, confianza y respeto. Así, a la oficina del profesor universitario a quien hay que pedirle una revisión de la nota final del curso hay que entrar con «permisito», llamarle «doctorcito», solicitarle un «ratito», exponerle nuestro «casito», pedirle dos «puntitos» y despedirse diciendo «adiosito».

Y es que los diminutivos son la expresión más genuina de eso que en Lima llamamos huachafería y que en España viene a ser lo hortera, pues no hay nada más cursi y rechinante que ese empalagoso proceso de achicamiento del que no se salva ni Dios, porque en Hispanoamérica los ángeles son angelitos, la Virgen es la Virgencita y Dios es «Diosito». Y aunque no hay diminutivo de Cristo, la huachafería popular ha acuñado «Papá Lindo».

Sin embargo, la originalidad de los diminutivos hispanoamericanos consiste en que a veces significan lo contrario y en que son gramaticalmente rocambolescos. Tal es el caso de «ahorititita», un diminutivo de adverbio que en realidad quiere decir «espera que termine lo que estoy haciendo y cuando tenga tiempo me ocupo de lo tuyo», pero como es muy feo desentenderse así del personal, uno queda como más diligente si responde «ahorititita». Pasa lo mismo con «aquisito», otro adverbio comprimido que se usa para decirle a los incautos que todavía tienen que andar un huevo, aunque siempre quedando de lujo.

Uno había olvidado las acepciones vernaculares de los diminutivos de «ahora», pues en España «ahora» es «ahora»; es decir, mismamente y no más tarde. Pero en Lima he advertido la importancia que me concedían según me despacharan «ahora», «ahorita», «ahoritita» y «ahorititita». De hecho, no hay nada peor que recibir un relamido: «Espérese un ratitito, señor, que ahorititita lo atiendo». Obviamente el enfoscado de diminutivos lo reduce a uno a la mínima expresión.

Por lo tanto, «ahorititita» es un diminutivo de adverbio de tiempo lleno de conservantes, pero de conservantes de tiempo que dilatan la acción por minutos, por horas y hasta por días. «Ahoritítita» es una suerte de anestesia semántica que inoculamos a nuestro impaciente interlocutor para que no perciba el discurrir del tiempo y de paso nuestro ninguneo. «Ahorititita» es un concepto inversamente proporcional a su connotación temporal. «Ahorititita» –en suma– no tiene nada que ver con «ahora».

Si hay una palabra del acervo de mi tierra que me gustaría introducir en Andalucía, esa palabra es precisamente «ahorititita», pues es más amable y querendona que la expresión «está reunido», otro eufemismo del ninguneo.

«USTEDES SABÉIS»

Cada vez que me encuentro con un paisano a quien no veo desde hace años, inexorablemente me espeta dos cosas en el siguiente orden: Primero, «qué gordo estás», y segundo, «ya tú hablas como español». Para contrarrestar lo primero siempre respondo que al menos me queda pelo en el cráneo, pero para bajarlo del segundo burro nunca encuentro argumentos. Y conste que ningún nativo de la península Ibérica ni siquiera creería que soy canario después de oírme hablar. Lo acabo de comprobar en una gasolinera de Calasparra (Murcia), donde el dependiente me dijo al ver la matrícula de Sevilla: «¿Así que usted es de allá, no?», aunque al responder que sí retrucó «¿Pero de más allá, no?».

A mí no me molesta que se note mi español limeño, porque debo advertir que solo en el Perú hay varios acentos y variantes que rozan el surrealismo lingüístico. Mis hijas, por ejemplo, se tronchan de risa cuando les cuento cómo es el español de la selva peruana, donde al hielo le llaman «del agua su duro», a la televisión «del cine su cría» y al ascensor «de la escalera su milagro». Sin embargo, me irrita que mis paisanos crean que hablo como español cuando sé que ellos solo tienen en la mente los acentos de Zaragoza o de Vallecas. ¿Por qué el flamenco es una seña mundial de identidad española y al mismo tiempo nadie tiene idea de la existencia de un español andaluz? La popularidad del arte flamenco es inversamente proporcional al conocimiento del habla andaluza.

Soy consciente de la diversidad de acentos del habla andaluza, ya que el habla de Almería no tiene nada que ver con la de Córdoba, ni la musicalidad del acento de Granada tiene el mismo soniquete que la de Cádiz. Incluso dentro de una misma ciudad pueden coexistir dejes distintos, pues el poeta Vicente Tortajada presumía de reconocer el habla de Triana y hasta el acento de la calle Relator. No obstante, me sigue sorprendiendo el desconocimiento del habla andaluza en toda la patria del idioma español. De hecho, de niño nunca imaginé que fueran andaluzas las voces del gato Jinx, del cuervo que le enseñó a volar a Dumbo y del buitre que ayudó a Mowgli a luchar contra el tigre Sherkan.

Después de muchos años de ausencia, la primera vez que viajé a mi tierra para que mis críos conocieran a sus tíos, primos y al resto de la parentesca, todo el mundo me recibió con lo gordo que estaba y con los consabidos reproches por hablar «como español»; pero ello me tuvo sin cuidado porque lo que más me preocupó fue la traducción simultánea para los niños, ya que allá la comida es el almuerzo y la cena la comida, la remolacha es la beterraga, el boniato es el camote, el alcaucil es la alcachofa y el aguacate la palta, aunque lo peor es que allá culo es malsonante y un pincho no es un sanguchito sino una polla.

¡La polla! A diferencia de España, una polla en Perú viene a ser una apuesta hípica o deportiva, y eventualmente el nombre de alguna carrera prestigiosa y señalada, como la polla del Presidente de la República. Si un ilustre personaje llega al Perú es usual agasajarle reservándole una polla especial, y así se han corrido en el hipódromo de Monterrico las pollas de John

Kennedy, Charles de Gaulle y Fidel Castro. Así se comprenden los ímprobos esfuerzos que realizó la embajada española en Lima para impedir que se corriera la polla del Rey; pero sobre todo comprendo el soponcio que le dio a la ancianita de aquella administración de quinielas de Los Remedios, a quien en 1985 le dije con la mayor cortesía del mundo: «Señora, si me saco la polla le doy la mitad».

Han transcurrido más de treinta años desde entonces y pienso que no he perdido mi acento sino que he enriquecido mi habla. A lo mejor empleo un castellano *compositum* que para quien me oiga ya no es de ningún sitio, pero a mí me basta con saber de qué lugar de Huelva cogí aquel giro y con quién estaba en Jerez cuando me quedé con aquella copla. Nunca hablaré como andaluz, pero ya puedo hablar con arte. Ustedes sabéis.

HOJANA EN LA TIERRA

Una de las palabras más sonoras, divertidas y populares del acervo flamenco taurino andaluz es la expresión «ojana», cuyo origen no está establecido y que casi todo el mundo escribe sin hache. Así, Antonio Burgos nos dice que «Curro Romero torea sin ojana», hubo un célebre cantaor conocido como el Maestro Ojana y en Cádiz acaba de surgir un grupo musical que se llama «De ojana ná». ¿Pero qué cosa es ojana? Ojana es dorar la píldora, dar cuartelillo y adular en vano. Es decir, lo peor que se le puede dar a un artista, porque la ojana no se hace como la pelota sino que se unta como la manteca. Y como soy feliz siendo usuario del habla andaluza, me gustaría divagar acerca del origen de tan jugosa palabra.

Lo primero que pensé fue que ojana podía ser una voz gitana y peregrina, pero revisé *El léxico caló en el lenguaje del cante flamenco* (1991) de Miguel Ropero y no hallé ni mijita de ojana. ¿Y si ojana no pertenece al léxico caló como tantas palabras precisadas por Manuel Barrios en su *Proceso al gitanismo* (1980)? Fue ponerle la hache y comenzar a encontrar pistas.

En su *Tesoro de la Lengua Castellana* (1611) Sebastián de Covarrubias apuntó dentro de la voz hoja: «Ser todo hoja y no tener fruto: se dice de los que son grandes charlatanes, que tienen muchas palabras y en ellas poco de que echar mano que sea de consideración»[31]. Cien años más tarde el *DA* (1726-1737) redujo la expresión a «Todo es hoja: Phrase que se dice por aquellos que hablan mucho, sin utilidad ni substancia». Por lo tanto, ya podemos barruntar que en la España del siglo XVIII a los que daban hojana no se les veía el plumero sino la hoja.

Pero hojana es palabra andaluza y su etimología también podemos rastrearla en el *Vocabulario Andaluz* (1934) del profesor Antonio Alcalá Venceslada, quien aseguraba que la voz hoja significa «quiebra en una moneda de metal precioso» e ilustró su hallazgo con un diálogo de *La buena sombra* (1895) de los hermanos Quintero, donde la enamorada Valle le dice a su pretendiente Pepe Luis que ojalá su amor sonara «como un duro» y este le responde que su plata es de ley «porque no tengo hoja»[32]. Lo que en lenguaje coloquial equivale a no ser como la falsa moneda de la copla.

Sin embargo, dar hojana no es solo hablar sin sustancia o entregar una falsa moneda, pues cuando a uno le dan hojana es que además lo van a crucificar. Por eso creo que hojana viene de *hosanna*, mismamente lo que le dieron a Jesucristo cuando entró a Jerusalén entre palmas y palmeros. La Biblia y la Santa Misa siempre han sido una fuente de inspiración popular, y si en Andalucía nos encanta que nos den «gloria bendita», es razonable que nos horrorice que nos den «hojana». ¿Y cómo se convirtió la *hosanna* evangélica en la hojana flamenca?

---

31. Sebastián de COVARRUBIAS: *Tesoro de la Lengua Castellana o Española*. Edición de Felipe C. R. Maldonado, Editorial Castalia (Madrid, 1994), p. 640 [en adelante TLC].

32. Antonio ALCALÁ VENCESLADA: *Vocabulario Andaluz*, Gredos (Madrid, 1980), p. 322.

Los estudiosos de la fonética andaluza como Manuel Alvar[33], Antonio Narbona, Rafael Cano y Ramón Murillo[34], han demostrado cómo la «s» mozárabe tenía un sonido que se escribía con «x» y se pronunciaba como «j» (Oxuna por Osuna), o bien cómo existen casos en los que la «s» andaluza suena como una «j»: «quijeron» por quisieron, «jimio» por simio y «Ojú» por Osú (en realidad, Jesús). Incluso en el más antiguo de los manuscritos de la *Vida del Buscón* (1626), Quevedo escribió «Jevilla» en lugar de Sevilla y valiéndose de un posadero le explicó a Don Pablos cómo tenía que pronunciar para hablar a lo sevillano: «haga vucé de las *g*, *h* y de las *h*, *g*. Diga conmigo: *gerida*, *mogino*, *jumo*, *pahería*, *mohar*, *habalí* y *harro* de vino»[35].

Por lo tanto, la hojana de Jerusalén tiene más peligro que la hojana de la Caleta, y es lógico que haya perdido la «h» porque –como dice Rancapino– el flamenco se canta con faltas de ortografía. Y a mí me hace mucha ilusión hacerle este homenaje al habla andaluza, porque es la voz musical de mi familia y mis amigos.

---

33. Ver Manuel ALVAR LÓPEZ: *Atlas lingüístico y etnográfico de Andalucía*, Universidad de Granada (Granada, 1961-1973) y *Estudios de geografía lingüística*, Paraninfo (Madrid, 1991).

34. Antonio NARBONA, Rafael CANO y Ramón MURILLO: *El español hablado en Andalucía*, Fundación José Manuel Lara (Sevilla, 2003), pp. 201-206.

35. Francisco de QUEVEDO: *Historia de la vida del Buscón llamado don Pablos*. Edición de Fernando Lázaro Carreter, Universidad de Salamanca (Salamanca, 1980), p. 275.

FANDANGO LLAMÓ A BORONDONGO

A veces las palabras recorren vastos continentes antes de instalarse agradecidas dentro de una comunidad que les da otro sabor, que les regala un sonido nuevo y que las incluye en su canon como si fueran una milenaria seña de identidad. Es el caso de la expresión «fandango», una palabra que convoca los infinitos sabores de Huelva, las devociones musicales del pueblo andaluz y la voz mineral de los cantaores flamencos. Sin embargo, el término fandango no nació en Alosno ni en Encinasola, sino en Burundi del Camino.

Según Blas Vega, fandango provendría del portugués, ya que el *Diccionario Etimológico* (1954) de Corominas establece su origen en la voz portuguesa *fado*, y porque en el siglo XVI existió en Portugal un baile llamado «Esfandangado»[36]. Así, durante años hemos pensado en Andalucía que la palabra fandango había entrado o por Ayamonte o por Rosal de la Frontera, pero siempre por la parte de Huelva. Sin embargo,

---

36. Joan COROMINAS: *Breve Diccionario Etimológico de la Lengua Castellana*, Gredos (Madrid, 2006), p. 267.

en el *DA* (1726-1737) encontramos las siguientes definiciones de fandango: «Baile introducido por los que han estado en los Reinos de las Indias» y «Cualquiera función de banquete, festejo u holgura a que concurren muchas personas».

Si el fandango llegó de Hispanoamérica en el siglo XVIII, ¿qué sabemos del fandango de aquellos lares? Desde el punto de vista musical, el fandango es un aire popular muy importante en Colombia, donde se canta y se baila durante el Festival del Río Sinú, el Festival del Bollo Dulce, el Festival de Planeta Rica y sobre todo en el Festival Nacional del Porro. Por otro lado, en México el fandango es parte esencial de su folklore, ya que existen numerosas variantes como el Fandango de Veracruz, el Fandango Tixtleco, el Fandango Sonero, el Fandango de Huatulco y los Fandangos Jarochos, entre otros estilos que incluyen el vaquero Fandango de Sonoma que todavía cantiñean los *cowboys* de California.

Por otro lado, en el habla hispanoamericana fandango puede ser una reunión con baile (Colombia), sinónimo de bullicio y desorden (Argentina), un barrizal o atolladero (Chile) o simplemente una forma coloquial de definir jaleos y alborotos. Como decimos los peruanos: «Se armó un fandango». Por lo tanto, establecida la idiosincrasia hispanoamericana del fandango, ¿cuál es su etimología exacta? ¿Será una voz quechua o vendrá del náhualt? Nanay. Fandango es palabro bantú, kikongo y namblú.

Según las investigaciones de Fernando Romero en su *Quimba, Fa, Malambo, Ñeque. Afronegrismos en el Perú* (1988), cuando los negros esclavos hacían una tertulia la llamaban *ndonga*. Si la reunión degeneraba en una pelea se montaba una *fwandonga*, pero si se ponían a cantar la cosa quedaba en *fundungu*. El problema era la bulla, porque si la juerga duraba toda la noche se convertía en *fundanga*, que es como se conoce a la botellona en las junglas del Congo[37]. Y los estudios de Fernando Romero tienen un extraordinario equivalente en México, donde el profesor Álvaro Ochoa Serrano también ha investigado la etimología africana de fandango en su libro *Mitote, fandango y mariacheros* (1994)[38].

Antes de instalarse para siempre en el habla andaluza, el fandango brotó de sonajas y tambores, se pobló de sonidos metálicos entre grilletes y cadenas, consintió la guitarra y el castellano, y cruzó de nuevo el océano para arraigar en Huelva, donde florece fragante y musical. Sé por experiencia que cuando un cantaor abrocha su recital anunciando un fandango, la emoción nos abre las carnes y cruje los huesos. Yo solo quería añadir que esa palabra, fandango, convoca también un asombro de siglos.

---

37. Fernando ROMERO: *Quimba, Fa, Malambo, Ñeque. Afronegrismos en el Perú*, Instituto de Estudios Peruanos (Lima, 1988), pp. 122-124.

38. Álvaro OCHOA SERRANO: *Mitote, fandango y mariacheros*, El Colegio de Michoacán (Michoacán, 1994).

ETYMOLOGIA IAMACUCI

Como la realidad es más rocambolesca que la ficción, la Sociedad Española de Neurología admite la voz «jamacuco» como sinónimo de ictus, apoplejía, embolia, trombosis y otros traumatismos de la fisiopatología cerebrovascular, porque los médicos no pueden permitirse el lujo de ser tan quisquillosos como los filólogos o los académicos de la lengua, para quienes un «jamacuco» no existe ya que no figura en el diccionario.

Y sin embargo, «jamacuco» no solo es uno de los andalucismos más divertidos, sino un palabro la mar de polisémico. Así, «jamacuco» puede ser un telele, una cogorza, un infarto, un cólico, un golpe o una cumbre borrachosa. Por lo tanto, identificada la dolencia y sus síntomas, veamos si es endémica o si nos llegó por contagio.

Al parecer, los negros esclavos de Cuba, Colombia, México y Perú llamaban «zambiricucos» a los zambos y mulatos libertos que en sus excesos alcohólicos traslucían un origen rústico y más que probablemente selvático[39]. Más tarde la palabra «zambiricuco» dio origen al vocablo «zamacuco», que según el portorriqueño Alfredo Neves es voz caribeña y –como tal– la registra en su *Diccionario de Americanismos* (1973), añadiendo la acepción de «hipócrita»[40]. Y como una palabra que sirve para definir a borrachos, catetos y mentirosos es muy socorrida, los zamacucos cruzaron el charco y sentaron cabeza en España.

En el imprescindible *DA* (1726-1737) leemos: «Zamacuco. s. m. El hombre tonto, torpe y abestiado. Es voz vulgar. Lat. *Stupidus Stolidus. Mentis Inops.* || Se toma también por la embriaguez, o borrachera. Lat. *Ebrietas, atis*». Y ya que «zamacuco» no fue recogida por Covarrubias en su *TLC* (1611), la tesis del origen americano adquiere verosimilitud, aunque tampoco se reconozca su filiación en el DRAE, donde curiosamente leemos: «Zamacuco. (Del árabe *ṣamkūk*, hombre fuerte y brutal). Persona tonta, torpe y abrutada || 2. Persona que, callándose o simulando torpeza, hace su voluntad o lo que le conviene || 3. Embriaguez o borrachera».

No descarto una relación etimológica entre el *ṣamkūk* árabe y el «zamacuco» afroamericano –puesto que los moros fueron traficantes de esclavos y la lengua es muy promiscua–, pero es evidente que todos los sentidos de la voz «zamacuco» reconocidos por la RAE, circulaban por Hispanoamérica desde el siglo XVII, a los que agrego un concepto taurino («toro grande y basto de trapío») y dos más procedentes de México: el síncope o mareo que le sobreviene al borracho, y el porrazo que cobra

39. Alberto TAURO DEL PINO: *Diccionario Enciclopédico del Perú*, Editorial Mejía Baca (Lima, 1967), vol. III, p. 404.

40. Alfredo NEVES: *Diccionario de Americanismos*, Sopena (Buenos Aires, 1973), p. 587.

el susodicho al estrellarse contra el suelo. Es decir, que primero te da el zamacuco y luego te pegas un zamacuco.

Por alguna extraña razón que algún día descubriremos, en Andalucía se emplean todas las acepciones americanas de «zamacuco», como se puede comprobar en los estudios que Juan Cepas ha dedicado al acervo malagueño. Sin embargo, por razones fonéticas y lexicográficas de todos conocidas, en Cádiz se pronuncia «jamacuco» y gaditano es por lo tanto el hallazgo de esta palabra tan divertida como dolorosa, que don Pedro Payán ha glosado con gracia y rigor en *El habla de Cádiz* (2000).

¿Debo hacer hincapié en que Cádiz fue un genuino laboratorio de la lengua española durante los siglos XVII y XIX, con sus indianos, esclavos, marineros y trajinantes? En aquella tierra risueña y de crepitante originalidad, «zamacuco» quedó para los toros rechonchos y el «jamacuco» para los toreros chuflas. Aunque a un académico de la lengua tampoco le vendría malamente.

GUAYABERAS

Hace un par de años, con ocasión del VI Congreso Internacional de la Lengua Española celebrado en Panamá, muchos de los ponentes de España y del Cono Sur hispanoamericano pagamos la novatada de acudir trajeados a las cenas de gala previstas con jefes de estado y otras sofisticadas especies, mientras que los académicos centroamericanos y hasta el mismísimo presidente de Panamá lucían unas finísimas guayaberas de lino.

En las últimas Cumbres Iberoamericanas la guayabera blanca –bordada y de manga larga– ha sido la prenda casi oficial de las sesiones, pues desde S. M. el Rey de España hasta los presidentes anfitriones, pasando por toda la constelación de autoridades locales, llevaban garbosamente aquella prenda sobre la que Antonio Burgos ha escrito tantos y tan deliciosos recuadros. De hecho, antes de comenzar esta columna entré en el buscador de su web personal –www.antonioburgos.com– y al teclear «guayabera» aparecieron quince entradas donde el esmoquin caribeño se encontraba registrado. Ignoro si soy el primero en decirlo, pero el «Red-Cuadro» de Antonio Burgos es una suerte de Google Andaluz donde es posible hallar las referencias más curiosas, eruditas y divertidas sobre arte, habla, folklore, literatura, historia y cultura de Andalucía.

Pero el caso es que estoy en el Viejo San Juan de Puerto Rico y las guayaberas me han venido tan estupendamente para combatir el calor sin faltar al protocolo y la etiqueta local, que decidí que tenía que escribir algo al respecto pensando en esos inevitables compromisos donde los calores sevillanos nos hacen sudar como luchadores de sumo. Sin embargo, entré al Red-Cuadro por si acaso y Antonio Burgos ya había contado con más arte la historia de las guayaberas, su origen andaluz, la utilidad de sus bolsillos y cómo en Cádiz ya las llamaban «cubanas» desde fines del siglo XIX. ¿Qué podría añadir mientras contemplo a lo lejos el cementerio marino de Ballajá, donde reposa don Pedro Salinas?

La voz «guayabera» entró en 1925 en el DRAE como «Chaquetilla corta de tela ligera» y en 1956 los académicos añadieron «Fue importada de Cuba, donde la usan los campesinos». En 1970 la entrada cambió –«Chaquetilla o camisa de hombre, suelta y de tela ligera, cuyas faldas se suelen llevar por encima del pantalón»– y en la última edición quedó finalmente así: «Prenda de vestir de hombre que cubre la parte superior del cuerpo, con mangas cortas o largas, adornada con alforzas verticales, y, a veces, con bordados, y que lleva bolsillos en la pechera y en los faldones». No existe una sola referencia a su prestancia y polivalencia para las grandes ocasiones.

Las guayaberas más finas –Cubavera o Martínez Montiel– lucen unos bordados elegantísimos y han suprimido los bolsillos para evitar que nadie se meta el móvil donde no corresponde. Celebrando los cuatrocientos años de Cervantes en el Viejo San Juan de Puerto Rico, más de una vez imaginé lo fresquito que habría andurreado en guayabera don Miguel, por la feroz canícula sevillana.

MALARRABIA

Los viernes santos de mi infancia están poblados de olores y sabores que jamás volveré a experimentar, porque en casa conservábamos ciertas tradiciones guayaquileñas que nadie en Lima conocía y que incluso en Guayaquil se han perdido, aunque algunas se conservan entre los montubios ecuatorianos y los piuranos del Perú.

Al terminar la Semana Santa los niños del colegio nos entregábamos a la crítica televisiva, porque toda la programación de los únicos tres canales que existían en el Perú de los sesenta se consagraba a los temas religiosos. Así, en todas las cadenas se programaba el «Sermón de las Tres Horas», tradicional discurso de nuestra Semana Santa y que nació a mediados del siglo XVII, aunque el cura que lo inventó lo tituló en realidad «El Sermón de las Siete Palabras». Ricardo Palma contaba que cierta vez –al terminar la misa del Viernes Santo– el virrey Conde de Lemos le dijo al jesuita Francisco del Castillo: «¡Padre, no fueron siete palabras sino tres horas!», y se quedó con aquel nombre[41]. El problema es que desde entonces todos esos sermones tienen que durar tres horas y en casa de mi abuela

41. Según Ricardo Palma, tras la muerte del padre Francisco del Castillo el jesuita Alonso Messía le dio nombre y forma definitiva al «Sermón de las tres

nos sentaban ante la tele para escuchar al padre Salvador Tito Otero, famoso porque antes de ser cura había sido futbolista.

Otro tema de conversación escolar eran las películas del Viernes Santo. Las de la tele eran en blanco y negro y eran siempre las mismas: *El cáliz de plata*, *El manto sagrado*, *Barrabás* y varias versiones de la vida de Cristo donde al actor que encarnaba al Salvador jamás se le veía el rostro. Las del cine eran a color, pero solo en las salas de estreno –donde ponían *Quo-Vadis*, *Ben-Hur* y *Los Diez Mandamientos*– porque en los cines de barrio te cascaban *El cáliz de plata*, *El manto sagrado* y *Barrabás* en blanco y negro.

Pero lo mejor era hablar del almuerzo del Viernes Santo, porque mientras todos mis amigos comían bacalao hervido con papas y arroz blanco, en casa de mi abuela primero y en casa de mi madre hasta el día de hoy, el menú siempre ha consistido en lascas de bacalao asado, arroz con achiote, puré de pallares y la exquisita malarrabia, que es una suerte de compota de plátanos maduros cocidos sobre un sofrito de cebolla, achiote y aceite de oliva. El DRAE lo define como un plato típico de la gastronomía cubana, pero sospecho que su origen hay que buscarlo en el imaginario culinario africano, porque la malarrabia era un plato de los esclavos.

En Andalucía abundan expresiones como malaje, malaleche, malauva, malahostia, malasangre, malasombra, malapata, malababa o malaventura, todas ahítas de connotaciones negativas. Por eso me alegra compartir la malarrabia, que además de dulce está buenísima. Me encantaría pasar un Viernes Santo en Lima y probar la que prepara mi hermana Rosario, que dicen que es clavada a la de la mamama Manuela, la que llegó de Guayaquil.

---

horas». Ver: Ricardo PALMA: «Gethsemaní» en *Tradiciones peruanas*, Aguilar (Madrid, 1957), p. 752.

DIQUELANDO

Jarto de tanto anglicismo que *enguachisna* nuestra lengua hasta dejarla *chuchurría*, Antonio Burgos se ha convertido en defensor del buen decir en general y del habla andaluza en particular, *escarecía* de paladines que la recojan en letras de molde. Y como uno se queda *enrilao* ante semejante festín de palabras, me haría ilusión compartir el peso de esa noble *peoná* que tiene a nuestro Burgos *empernacao*, porque yo también estoy *guarnío* de tanto «palabring» que *escachifurcia* el habla sevillana dejando a nuestras expresiones populares de toda la vida como *escurriúras* del idioma.

Por supuesto que uno no ha *mamao* los *decires* de la ciudad, mas no por eso voy a *engurrumiarme* y entonces le he pedido la venia a Antonio Burgos para *estroncarme* a su vera en la lucha luchando. Así, aunque camine al *tenguerengue* –*escarzo* y a *cojetás*– quiero venirme arriba con el *encalijo* del habla andaluza, pues me gusta que las palabras se escriban bien *escamondaítas* y sin *corcujos* malamente *remetíos* en las oraciones, porque uno se queda totalmente *esparrabillao* nada más viéndolos.

La primera palabra que quiero rescatar es *sofardar*, un verbo que me fascinó desde la primera vez que lo escuché hace treinta años cuando le dije a un colega que en Lima no teníamos mesas camilla. «¿Y cómo hacéis para *sofardar* a la novia?». Entonces descubrí que *sofardar* no era otra cosa que meter la mano bajo la falda de alguien (a ser posible de confianza), aunque gracias a la pronunciación andaluza *sofardar* se impregnaba de las connotaciones de *fardar*, lo cual hacía más divertido el término. A mediados de los ochenta conocí a una señora que no quería que en su casa se jugara a la *ouija*, mas no porque temiera que los espíritus se quedaran en su piso, sino porque el espiritismo era el pretexto para meterse mano: «¡Si de tanto *sofardar* movéis el vaso, la mesa y me dejáis el sofá *toíto empercochao*!».

La segunda palabra que deseo reivindicar es *sarasa*, término que no existe en Hispanoamérica y que ya nadie emplea en Andalucía desde que fue reemplazado por el políticamente más correcto «gay». Nuestra lengua es tan rica para el oprobio y el insulto que celebro que otros sinónimos más agresivos hayan caído en desuso, aunque a mí *sarasa* jamás me connotó la mala baba de otras voces. De hecho, en su «Oda a Walt Whitman» García Lorca enumera distintos términos asociándolos a lugares muy concretos: «*Faeries* de Norteamérica, *Pájaros* de La Habana, *Jotos* de México, *Sarasas* de Cádiz, *Apios* de Sevilla, *Cancos* de Madrid, *Floras* de Alicante, *Adelaidas* de Portugal»[42]. Este verso despertó mi curiosidad por la voz «apio», pues nadie de mi entorno conoce el uso que le dio Lorca y desde 1992 aparece en el DRAE como «Hombre afeminado». ¿Dónde se usa?

Ajolá haya *apontocao* una *mijita* más el baluarte del habla andaluza que construye *sumercé* Burgos, a quien le queda de lujo el colombianismo que le acabo de poner en lo *arto*.

---

42. Federico GARCÍA LORCA: *Obras Completas*, Aguilar (Madrid, 1974), vol. I, p. 531 (las cursivas son del propio García Lorca).

LAS PALABRAS DEL CAMPO

Para el niño limeño y urbano que uno ha sido, el mundo del campo se limitaba a los lugares donde íbamos de excursión con mi familia o el colegio. A saber, la campiña que discurría junto a la carretera central que ascendía por los Andes y que en menos de cuatro horas nos trasladaba desde las playas de la costa hasta las nevadas montañas de más de cuatro mil metros de altura. A lo largo de aquella carretera serpenteaba el río Rímac, consintiendo que a la vera de su cauce florecieran las paltas, los pacaes, las chirimoyas y los capulíes, o bien las peras, las manzanas y los melocotones, frutas europeas que a lo largo de los siglos se adaptaron a los climas serranos, soleados de día y helados de noche. Seguro que esos lugares también serían tierras de labranza, mas su cultura y su vocabulario nos eran del todo ajenos y desconocidos a los niños de la ciudad.

Sin embargo, durante las clases de lenguaje y ortografía, las monjitas del colegio nos dictaban palabras como «aprisco», «brocal», «zurrón» o «barbecho», instándonos a buscarlas en los diccionarios escolares para escribirlas de forma correcta. Sobre todo las que tenían haches intermedias como «dehesa» o «retahíla». Curiosamente, las monjitas nunca nos dictaron voces como «chacra», «tambo», «chalán» o «puquio», de uso más bien corriente entre los campesinos y labriegos peruanos. No. Con la excusa de que así se hablaba en España, las monjitas siempre nos dictaban unas palabras de lo más rebuscadas, que nos enfrascaban en eruditas discusiones:

–Madre, ¿qué es la «boñiga»?

–El excremento del ganado.

–¿O sea la caquita?

–No, las «heces».

–¿Y si tiene forma de montañita?

–Eso se llama «zurullo».

No obstante, si ya era difícil el acervo pastoril, el navideño nos parecía sánscrito. Todavía recuerdo que las monjitas nos hacían cantar: *Zumba, zúmbale al pandero, / al pandero y al rabel. / Toca, toca la zambomba, / dale, dale al almirez*, y que ninguno de los niños de mi clase sabía qué era un «rabel», un «pandero», una «zambomba» o un «almirez», ignorancia peruana que ponía de los nervios a la madre Dolores; quien dicho sea de paso, jamás fue capaz de explicarnos el significado de «ropopompón».

He querido remontarme a mi infancia limeña y urbana, para mejor expresar las magias y sensaciones que me arrasaron cuando leí a José y Jesús de las Cuevas, pues para quienes trabajamos con las palabras, no hay mejor regalo que un cofre de voces nuevas, con sus sonidos inéditos y el asombro sencillo de saber que hay cosas cuya existencia uno ignoraba porque simplemente no sabía nombrarlas. Así, *Curro y los aparceros* (1981) e *Historia de una finca* (1958), se me antojan cofres colmados de palabras como doblones: doradas, luminosas y tintinantes.

En su edición de *Historia de una finca*, el Servicio de Publicaciones de la Universidad de Sevilla incluyó un glosario de voces del campo andaluz, elaborado por el filólogo Miguel Ropero, donde leemos «En general, el vocabulario utilizado por José y Jesús de las Cuevas en *Historia de una finca* no es un léxico específico de las hablas andaluzas»[43] porque se trata de palabras ya presentes en el DRAE, que habían permanecido vivas en los cortijos de Andalucía la Baja. Con todo, Miguel Ropero rescató de *Historia de una finca* algunos andalucismos labriegos como «engero», «lavija», «revero», «rejadilla» o «regabinar», voces que para mí resultaron tan novedosas como «haza», «serón», «dornajo» y «aljofifa», porque el vocabulario del campo forma parte de un acervo preindustrial. ¿Cuántos adolescentes andaluces sabrán que la fregona ha reemplazado a la aljofifa y que la escasez de borricos puede abolir el uso agrícola y lingüístico de los serones?

¡Qué importante es saber nombrar las cosas! Por los pueblos andinos las llamas, los burros y las mulas van cargados de serones que nosotros siempre hemos llamado canastas, igual que las canastas de la compra o las canastas del almuerzo. ¿Cuántas palabras me habré perdido por culpa de mi ignorancia urbana? De niño acompañaba a mi padre a comprar leche fresca en las granjas de las afueras de Lima, y seguro que el comedero de las vacas tenía un sustantivo específico, así como las pailas del ordeño y los utensilios de los establos. Las únicas palabras que recuerdo de aquellas vaquerías de mi infancia son «porongo» –que así se llamaba el cántaro de barro desde el cual vertíamos la leche fresca en nuestras botellas– y por supuesto «boñiga», que era la caca de vaca que caía en forma de «ese» o montañita, más conocida en España como «zurullo».

Sé que les parecerá inverosímil, pero *Historia de una finca* o *Curro y los aparceros* tienen la virtud de transportarme a la infancia, mas no porque la saga de «San Rafael» tenga algo en

43. José y Jesús de las CUEVAS: *Historia de una finca*, Universidad de Sevilla (Sevilla, 2000), p. 266.

común con el itinerario de mis familias, sino porque su lectura ha reavivado en mí la celebración infantil del hallazgo de las palabras. Así, saborear a mi edad «juncia», «pelliza» o «garrucha», ha sido como recordar el remoto sabor de «clámide», «hoplita» o «estambre», porque la primera experiencia verbal también es un acto textual.

No se me escapa que en la pequeña biblioteca de «San Rafael» apenas había seis o siete libros, y que uno de ellos era *Las Tradiciones Peruanas* de mi paisano Ricardo Palma. Pienso que esa fugitiva alusión a la literatura de mi país, me permite hoy día presumir de tener en casa los libros de José y Jesús de las Cuevas, tal como ellos tendrían –quizás– la obra de Ricardo Palma.

A la literatura, como al campo, no es posible ponerle puertas y me siento feliz porque las palabras del campo andaluz hayan arraigado en mi vida a través de libros maravillosos como *Recuerdos de Fernando Villalón* (1941) de Manuel Halcón, *Las cosas del campo* (1951) de José Antonio Muñoz Rojas, *Pueblo lejano* (1954) de Romero Murube, *El mundo de Juan Lobón* (1967) de Luis Berenguer e *Historia de una finca* (1958) de José y Jesús de las Cuevas. Sin embargo, como el mundo da muchas vueltas, desde hace doce años vivo en una finca de la vega sevillana, que restauro con mimo y paciencia japonesas, después de comprársela a mi suegra.

Me hacía ilusión salvar de la ruina la casa donde creció mi esposa y permitir que allí crecieran también nuestros hijos, rodeados del vocabulario que las monjitas de mi colegio se empeñaron en inculcarme. En el cuarto capítulo de la segunda parte de *Historia de una finca*, José y Jesús de las Cuevas escribieron: «Buena parte de la historia de Andalucía es la historia de una serie de familias de diversas razas que irrumpieron en ella con sus costumbres, con su idiosincrasia, y terminaron, con los años, volviéndose andaluces absolutos»[44]. No creo que haya otro pasaje que me concierna más que este que les acabo de leer.

Todos sabemos que la etimología de «patria» es «la tierra de los padres», pero no existe ningún sustantivo que nombre o defina la tierra de los hijos, una tierra más esencial y entrañable –sin duda– que la tierra de los padres. Ese nombre para mí es España, y quiero creer que a don José y don Jesús les habría gustado saber que he venido hasta Arcos desde la Frontera, para besar la tierra que ahora nombro: «Andalucía».

44. Ibídem, p. 103.

EL FLAMENCO Y AMÉRICA LATINA. UN HABLA DE IDA Y VUELTA[45]

Vivo en Andalucía desde hace casi veinte años y he tenido el privilegio de asimilar la música y el compás de un habla que atesora una riqueza desconocida para la gran mayoría de hispanohablantes. Andalucía es la comunidad autónoma más extensa y poblada de España, y el habla andaluza consiente sabrosas modalidades regionales, según se trate de Cádiz, Córdoba o Almería, por citar solo tres ejemplos representativos. Sin embargo, los andalucismos escasean en la norma, a pesar de la universalidad del flamenco, un arte andaluz que ha hechizado al mundo con la magia de sus cañas, verdiales, jabegotes, bamberas, cantiñas y tarantos, voces que nadie podrá encontrar en el diccionario pero que circulan por todo el mundo a través de discos, partituras, grabaciones, conciertos y publicaciones varias. ¿No es paradójico que el vocabulario del arte flamenco –que es una seña universal de identidad española– apenas sea

45. Conferencia leída en el IV Congreso Internacional de la Lengua Española de 2004, celebrado en Rosario (Argentina).

reconocido por la RAE? Con todo, el habla andaluza en general y el léxico flamenco en particular, están colmados de americanismos, y entre sus divulgadores y estudiosos han destacado de manera especial escritores latinoamericanos como el argentino Anselmo González Climent y el peruano Félix del Valle.

Debo comenzar admitiendo que el título de nuestro panel –«La comunicación textual en el mundo hispánico: contraste y transversalidad»– me produjo cierta inquietud, pues todavía no sé si ser un hispanohablante de apellido japonés es un «contraste» o más bien una «transversalidad». Sin embargo, como resido en Sevilla hace casi veinte años y este III Congreso de la Lengua Española ha sido convocado para reflexionar sobre «Identidad Lingüística y Globalización», debo decir que pienso que la identidad debería ser «múltiple e indefinida» –como los visados– y que me haría ilusión rendir un homenaje al habla andaluza para dejar claro que no he perdido un país sino ganado uno más, con su literatura, sus modismos y su acervo cultural.

Desde 1995 dirijo una fundación privada que se dedica a la promoción del arte flamenco a través de la enseñanza, y así cada año recibimos en nuestra escuela sevillana más de 150 estudiantes procedentes de todo el mundo, gracias a que el flamenco es una manifestación artística de rango universal, tanto en el campo escénico y discográfico, como en el musical y literario. De hecho, bastaría citar los nombres de Federico García Lorca, Manuel de Falla, Paco de Lucía y Carmen Amaya –entre otros artistas y creadores– para corroborar la dimensión global de un arte que ha poblado nuestra lengua de expresiones como «duende», «jondo» y «sonidos negros». Supongo que eso es «transversalidad».

Sin embargo, aunque para ilustrar el «contraste» sería suficiente con señalar que hasta hace dos años el único conservatorio europeo donde un músico granadino o malagueño podía titularse de guitarrista flamenco andaluz era el de Rotterdam (Holanda), he preferido investigar si la norma es más condescendiente que los ministerios con el arte flamenco andaluz. Y por desgracia la respuesta es negativa.

Para empezar, la palabra «flamenco» –en la acepción más cercana al tema que nos concierne– no aparece hasta la edición del DRAE de 1925 y con la siguiente definición: «Dícese de lo andaluz que tiende a hacerse agitanado. Cante, aire tipo flamenco». Dicha entrada –probablemente acuñada según los agravios de Ortega, Pío Baroja y Eugenio Noel– se ha mantenido intacta hasta la vigésimo segunda edición de 2001, donde se recoge la siguiente definición no exenta de error: «Se dice de ciertas manifestaciones socioculturales asociadas generalmente al pueblo gitano, con especial arraigo en Andalucía. Cante, aire flamenco». En cuanto al concepto «flamenquismo», desde la edición de 1925 hasta la actualidad se conserva la definición que propuso Eugenio Noel en su panfleto *República y flamenquismo* (1912). A saber, «Afición a las costumbres flamencas o achuladas». Por lo tanto, si ni siquiera en la norma se reconoce el estatuto artístico del flamenco, ¿qué podemos esperar de las entradas dedicadas a las voces y estilos del más representativo arte andaluz?

Por ejemplo, a pesar de la universalidad de una obra como *Poema del cante jondo* (1921), en el diccionario de la RAE no solo no aparece la voz «siguiriya», sino que tiemblo de solo pensar cómo se imaginará la Semana Santa andaluza ese doctorando bengalí o coreano de Hispánicas, cuando lea el poema «Madrugada» y descubra sobrecogido que los balcones de Sevilla y Granada se llenan de «saeteros», que para colmo están ciegos. Y es que según la norma, saetero es «el que pelea con arco y saetas» y no el cantaor de coplas religiosas por «tonás» y «siguiriyas».

Otro caso singular lo encarnan los espectáculos de baile, cuyas coreografías invocan los nombres de los «palos» o estilos del flamenco. Así, en 1963 Antonio Gades y Carmen Amaya triunfaron en todo el mundo con la película y su correspondiente montaje titulado *Los Tarantos*, pero los «tarantos» todavía no han sido admitidos por la RAE. En 1995 el director Carlos Saura estrenó *Flamenco*, una producción dedicada al mundo del baile y de los bailaores flamencos que se ha convertido en el filme español más vendido en todo el mundo y que ha representado a España en más de cuarenta festivales, donde los artistas invitados interpretan coreografías como la «caña», los «caracoles», el «mirabrás», las «alboreás» y el «garrotín», que simplemente no existen en el diccionario, por no hablar de otros cantes como la «bambera», el «jabegote», la «romera», la «mariana», la «levantica», la «granaína», la «cantiña» o la «cabal», que tampoco tienen identidad en nuestra norma, a pesar de constar en numerosos libros, películas, discos y páginas web de vertiginosa circulación.

Pienso en la enorme fama del tocaor flamenco Paco de Lucía –genio de la sonanta, flamante Premio Príncipe de Asturias y con más de ciento cincuenta mil páginas en Internet dedicadas a su figura– cuyos hijos y nietos podrían vivir durante cien años tan solo de los derechos generados por su tema más célebre, la rumba «Entre dos aguas». No obstante, una ironía lingüística consiente que la RAE no admita las voces andaluzas «tocaor», «sonanta» y «rumba». Y es que ni todas las rumbas son cubanas, ni todos los tangos argentinos.

En efecto, dentro del rico acervo musical flamenco uno encuentra tangos de Triana, tangos de Granada, tangos de Cádiz y especialmente tangos de Málaga, humildes acepciones andaluzas que en nada ofenden al más universal de los tangos: el argentino. Y para que la simetría sea perfecta, en Andalucía también hay milongas, pues la cantaora Pepa Oro vivió en Argentina entre 1860 y 1870, y cuando regresó a Cádiz aflamencó aquel cante orillero que tanto le gustaba a Borges. ¿Disfrutaría alguna vez Borges con esos apócrifos tangos andaluces que según el diccionario no existen?

Bajo el título de *Cartas del fervor* (1999), se reúnen las cartas que el joven Borges intercambió con sus amigos de Palma y Ginebra, algunas de las cuales fueron remitidas desde Sevilla, donde los Borges pasaron el invierno de 1919-1920. A uno le sobrecoge la melancolía leyendo la correspondencia de aquel muchacho desgarbado, entregado al sacerdocio de la literatura con apenas veinte años cumplidos.

Sin embargo, de todas las cartas sevillanas, una en especial ha llamado mi atención. El 12.I.1920 dijo así Borges: «He hecho aquí algunos amigos, unos tipos muy amables, poetas ultraístas..., y con ellos mucho he noctambulado..., he vaciado copas, inspeccionado bailes de prostitutas, comido *churros*, jugado e incluso ganado a la ruleta, y anteayer por la noche [he] visto el amanecer que se abría en una tormenta de luz sobre el Guadalquivir y transformaba los vidrios del pequeño café donde estábamos en raras y espléndidas vidrieras de púrpura y azul pálido»[46]. ¿Desde dónde contemplaría Borges el río a través de los cristales, mientras bailaba el mujerío? Los únicos lugares posibles habrían sido «El Berrinche», «La Perla», «El Sol Naciente», «Casa Rufina» y otras antiguas tabernas de la trianera calle Castilla, donde las juergas flamencas tronaban a la vera del Guadalquivir.

La historiografía flamenca siempre le ha prestado más atención a los testimonios de los viajeros románticos europeos,

46. Jorge Luis BORGES: *Cartas del fervor. Correspondencia con Maurice Abramowicz y Jacobo Sureda (1919-1928)*, Galaxia Gutenberg / Círculo de Lectores / Emecé (Barcelona, 1999), p. 73.

olvidando que muchos escritores latinoamericanos también han dejado valiosas viñetas, memorias y apuntes flamencos. Pienso en Rubén Darío, quien al oír al cantaor Juan Breva sintió que sus coplas lo transportaban al reino desconsolado de la muerte[47]. En José Vasconcelos, quien después de ver bailar a Pastora Imperio concluyó que la Pavlova era una acróbata[48]. O en Alfonso Reyes, quien quiso escuchar el cante de la Niña de los Peines –personaje de la famosa conferencia de Lorca, «Teoría y juego del duende»– y la madrugada lo barnizó de luz escuchando saetas en Triana con Manuel de Falla[49]. Sin embargo, nadie como el peruano Félix del Valle y el argentino Anselmo González Climent, han escrito mejores tratados sobre el arte flamenco.

Vinculado desde muy joven a revistas literarias limeñas como *Amauta* y *Colónida*, Félix del Valle se instaló en España a principios de los años veinte, donde frecuentó las tertulias de Rafael Cansinos Assens y Gómez de la Serna. En 1928 ganó en Madrid la primera edición del Premio Zozaya a la mejor crónica literaria y en 1930 publicó tres novelas cortas en la editorial Ulises, bajo el título *El camino hacia mí mismo*. Aficionado al cante jondo y partidario de la República, tras la Guerra Civil Valle tuvo que exiliarse en Argentina y resignarse a la memoria de los días de flamenco y manzanilla en España, publicando cuatro libros evocadores que fueron *Madrid en 15 estampas* (1940), *Sevilla* (1941), *Noches de Toledo* (1943) y

---

47. Rubén DARÍO: *Tierras solares*, Renacimiento (Sevilla, 2016), pp. 89-90.

48. Margarita TORTAJADA: *Frutos de mujer. Las mujeres en la danza escénica*, Conaculta (México, 2001), pp. 222-229.

49. Alfonso REYES: «Las vísperas de España» en *Obras Completas*, FCE (México, 1956), vol. II pp. 130-131.

Juergas en Sevilla (1947)[50]. Falleció en Buenos Aires en 1950, olvidado en España y casi desconocido en Perú.

Las divagaciones flamencas de Félix del Valle se reparten entre sus ensayos y novelas. De los primeros quiero rescatar «Fiesta de gitanas», «Una juerga seria», «Juerga improvisada», «Historia en intenciones del baile español» y «Guitarras, guitarras», todos en *Juergas en Sevilla*. Y «Pastora Imperio», «Apuntes para un elogio del baile andaluz» y «Apuntes para un elogio del Cante», recogidos en *Sevilla*. De su lectura desprendemos que Valle –como la mayoría de escritores de la vanguardia– creía en un *phatos* gitano y que tuvo la sensibilidad de paladear todo el sabor del habla andaluza a través de las expresiones de las juergas y las coplas de los cantes, pues palabras como «tablao», «falseta», «bailaora», «jipío», «cantaor», «farruca» y «bulería» no figuraban en el DRAE cuando Valle las estampó en sus libros. Publicados por Editorial Schapire, los libros de Félix del Valle dialogaron en Argentina con otra obra de divulgación flamenca –*El cante jondo* (1943)– del periodista y escritor asturiano Clemente Cimorra[51].

El gran investigador y fundador de los estudios flamencos fue el escritor argentino Anselmo González Climent, quien promovió el segundo concurso de Cante Jondo a imagen y semejanza del que Lorca y Falla convocaron en Granada en 1922, y publicó en España tres libros esenciales: *Andalucía en los toros, el cante y la danza* (1953), *Flamencología* (1955) y *Can-*

---

50. Félix del VALLE: *El camino hacia mí mismo,* Ulises (Madrid, 1930); *Madrid en 15 estampas*, El Ateneo (Buenos Aires, 1940); *Sevilla*, El Ateneo (Buenos Aires, 1941); *Noches de Toledo*, Schapire (Buenos Aires, 1943) y *Juergas en Sevilla*, Schapire (Buenos Aires, 1947).

51. Clemente CIMORRA: *El cante jondo. Origen y realidad folklórica*, Schapire (Buenos Aires, 1943).

te en Córdoba (1957)[52]. González Climent ordenó las fuentes y materiales flamencos provenientes de la literatura, los libros de viajes, la poesía, los cantes populares y la cultura rural andaluza, sentando las bases de una nueva disciplina que adquirió carta de ciudad en la norma cuando el DRAE la reconoció en 1984 como «Conjunto de conocimientos, técnicas, etcétera, sobre el cante y baile flamencos». Pero González Climent falleció en Buenos Aires a fines de la década de los ochenta, y ahora que abundan los flamencólogos y las cátedras de flamencología en Córdoba, Granada, Sevilla y Jerez, conviene recordar la deuda que el habla andaluza tiene con el olvidado escritor argentino.

Como cronista y jurado del segundo Concurso de Cante Jondo celebrado en Córdoba en 1956, Anselmo González Climent diseñó las categorías del certamen según los estilos de cante conocidos. Primer grupo: Siguiriyas, Martinetes, Carceleras y Saetas; segundo grupo: Soleares, Polos, Cañas y Serranas; tercer grupo: Malagueñas, Rondeñas, Verdiales y Granaínas; y tercer grupo: Tonás, Livianas, Deblas y Temporeras. Merece la pena señalar que en 1956 tan solo la mitad de los dieciséis cantes del concurso contaban con una entrada propia en la edición vigente del DRAE. A saber, la Malagueña (1884), la Rondeña (1884), la Saeta (1899), el Polo (1914), la Carcelera (1925), el Martinete (1936), la Temporera (1936) y la

52. Anselmo GONZÁLEZ CLIMENT: *Andalucía en los toros, el cante y la danza*, Sánchez Leal (Madrid, 1953); *Flamencología. Toros, cante y baile*, Sánchez Leal (Madrid, 1955) y *Cante en Córdoba*, Talleres Gráficos Escelicer (Madrid, 1957). Del prólogo a *Flamencología* espigo la siguiente sentencia de José María Pemán: «[González Climent] Ha escrito, frase a frase, idea a idea, con una totalidad de lectura y una casi infalibilidad de penetración, la mejor monografía acaso que tenemos sobre Andalucía. Su libro es un arca riquísima a la que le rebosan, como los terciopelos y las enaguas bajeras en el cofre de la abuela, las cosas y los contenidos. Da la sensación de un baúl inmenso, tan lleno que no se puede cerrar», (cito la segunda edición madrileña de Talleres Gráficos Escelicer de 1964), p. 14.

Debla (1947). Las voces Soleá y Verdial no fueron admitidas hasta 1970 y la Serrana en 1984, mientras que la Siguiriya, la Caña, la Granaína, la Toná y la Liviana aguardan todavía su reconocimiento definitivo. En estos tiempos de Internet y globalización, el riesgo radica en que los buscadores virtuales reemplacen a un diccionario atascado por culpa de los «contrastes» y las «transversalidades».

Pero hemos dejado al joven Borges probablemente sentado en un patio de Triana, contemplando los movimientos de unas bailaoras que supone prostitutas. La carta que redactó para su amigo Maurice Abramowicz está fechada el 12 de enero de 1920 y su contenido tiene relación con un texto titulado «Paréntesis pasional», que Borges publicó en el número 38 de la revista *Grecia*, aparecido en Sevilla el 20 de enero de 1920.

En aquella divagación transida de ultraísmo, el joven Borges describe una fiesta de reverberaciones árabes o moriscas, una cervecería de «fogosos ventanales» y «galerías turbias de vidrios» situada en lo alto de un «mirador», donde solo hay humo, risas, colores y música, «contorsiones violentas» y «acordes múltiples». En la alta madrugada el narrador escribe «Descendemos la cuesta, y atravesando el Puente veo que la Noche siembra de Estrellas el Río», y cuando llega exhausto a su alcoba siente que su alma «deslumbrada de tinieblas vibra como una cuerda de guitarra». Quiero creer que Borges regresaba de una juerga flamenca, bajando del Altozano y cruzando el puente de Triana en dirección al Hotel Cécil, pero necesito un testimonio más rotundo y por eso convoco al fantasma de Manuel Forcada Cabanellas.

Manuel Forcada Cabanellas fue un escritor rosarino que no destacó ni por su prosa ni por sus ficciones, sino por sus memorias dispersas en libros sobre la Guerra Civil española o las tertulias literarias de Argentina y España. En Sevilla publicó el poemario *Psicogramas* (1920) y los ensayos literarios reunidos bajo el título *Pele-Mele* (1919), pero voy a glosar un pasaje contenido en *De la vida literaria, testimonios de una época* (1941), donde Forcada repasa las madrugadas recibidas en España junto a Cansinos Assens, Gómez de la Serna, Cernuda, Baroja, García Lorca y un largo etcétera de autores.

Uno de los capítulos está dedicado a los días vividos en Sevilla y sobre cómo germinó el Ultraísmo entre una tropa de poetas ebrios de literatura que –a trancas y barrancas– publicó la mítica revista *Grecia*. Una de esas noches los ultraístas llegaron corriendo al Hotel Cécil después de apedrear los cristales de la casa de don Luis Montoto, cronista oficial de Sevilla. Entre los exaltados ultraístas Forcada descubrió a un joven compatriota de veinte años llamado Jorge Luis Borges, con quien compartió «veladas literarias» en el Ateneo hispalense, la «penumbra soñolienta» de las plazas y el arte gitano de las «fulgurantes noches sevillanas»[53].

Me pregunto qué relación tendrá el malevo Jacinto Chiclana de la milonga de Borges, con el cantaor Juanito Chiclana que actuaba en las tabernas flamencas de Triana a comienzos del siglo XX, o con el chiclanero Fernando Quiñones, flamencólico escritor a quien Borges prologó un libro cinco años antes de escribir las milongas de *Para las seis cuerdas*[54]. En realidad ya no importa, pues me basta con haber venido hasta Argentina para hablarles de las idas y vueltas del flamenco entre España y América Latina, conocer una de las patrias de mi paisano Félix

---

53. «Volvían íntimamente satisfechos de apedrear la casa y destrozar la rancia biblioteca del Cronista Oficial de la ciudad, el entonces anciano poeta Luis Montoto y Rantenstrauch», en Manuel FORCADA CABANELLAS: *De la vida literaria. Testimonios de una época*, Editorial Ciencia (Rosario, 1941), pp. 73 y 76.

54. En el prólogo Borges anotó «el ambiente, la entonación y cierto desenfado en el manejo de las palabras, dejaban entrever un español y aún un andaluz», ver Fernando QUIÑONES: *Viento Sur*, Alianza Editorial (Madrid, 1987), p. 8.

del Valle, desagraviar aquí en Rosario la memoria de Manuel Forcada Cabanellas, reconocer la deuda del habla andaluza con Anselmo González Climent y compartir con ustedes la memoria flamenca de un joven Borges, acunado por los tangos de Triana.

«PETALOSOS» LATINOAMERICANOS

La historia del pequeño Matteo –un niño de ocho años natural de Marchesi di Copparo– tiene el perfume de los grandes relatos, pues ha creado una palabra que la Academia Italiana ha incorporado a la norma después que cientos de miles de italianos la utilizaran a través de sus redes sociales. Matteo describió a una flor como «petalosa» (en italiano el sustantivo *fiore* es masculino), pero su maestra no se limitó a señalarle que aquel adjetivo no existía, sino que lo animó a escribir a la Academia Italiana para que considerara añadir la nueva voz a la lengua del Dante. La «Accademia della Crusca» respondió ponderando la originalidad de la voz (*petaloso = pleno di petali, con tanti petali*) y manifestó su voluntad de incorporarla a la norma en cuanto quedara demostrado su empleo masivo. Twitter y Facebook se encargaron de volver viral la cualidad «petalosa» de las flores y así floreció *petaloso* en italiano.

Me figuro feliz al pequeño Matteo, aunque no mucho más que sus padres. También imagino radiantes a sus compañeros de clase y a la maestra Margherita Aurora, por no hablar de los vecinos de Marchesi di Copparo. ¿Alguien duda de que en aquel pueblo de la provincia de Ferrara no va a brotar una generación de poetas, literatos y humanistas? Rubén Darío fue enviado a recitar delante del presidente de Nicaragua cuando todavía era un niño, con la finalidad de conseguir una beca de estudios. El pianista chileno Claudio Arrau recibió una beca para estudiar en Berlín, porque el presidente Montt quedó deslumbrado ante su prodigioso talento infantil. El pequeño Matteo quizá no sea un mago como Arrau o Rubén, pero su historia es tan mágica como la de cualquiera de los dos.

No corren tiempos propicios para la lectura, las humanidades y la escritura, pues la prensa espectacular busca niños cocineros, niños futbolistas y niños cantantes, aunque miles de niños de todo el planeta sean lectores, toquen instrumentos o saquen notas excelentes. Por eso celebro la breve popularidad del *piccolo* Matteo, pues los aplausos de esta hora son bienhechores también para miles de niños invisibles que pueblan los teatros, las bibliotecas y los conservatorios. Me alegra que los niños italianos puedan percibir el coruscante poder de las palabras a través del buen suceso de la voz *petaloso*.

Sin embargo, la buena fortuna de la voz *petaloso* no sería posible en nuestra lengua, porque el italiano es un idioma que apenas tiene 64 millones de hablantes y solo en México ya tenemos más del doble de hispanohablantes. ¿Cuántas palabras sorprendentes inventarán al año los escolares de Oaxaca, Puebla, Guadalajara, Monterrey o Guanajuato? ¿Cuántas de esas palabras tendrían alguna posibilidad de entrar en el universo de mexicanismos y algo más tarde en el *DRAE*? Extrapolemos este razonamiento a Honduras, Ecuador, Paraguay o Nicaragua y las posibilidades serán todavía más remotas, pues el número de habitantes prefigura el impacto de cualquiera de esas comunidades en la lengua española. Quizá México, Argentina o Colombia puedan influir demográficamente. Tal vez Cuba por su importancia cultural o el Perú por su auge gastronómico, pero paremos de contar. Y que conste que estoy persuadido que en América Latina tiene que haber miles de niños como Matteo, creando voces originales, chispeantes y sonoras.

Con todo, la historia de Matteo es un rayo de sol en la penumbra cultural de nuestros días, pues hoy por hoy apenas hay margen para las noticias que no son ruines, deprimentes o miserables. Una historia bella sin ser empalagosa y un desenlace feliz que de ninguna manera es cursi. Si Matteo crece consciente de su hazaña, quizá el día de mañana sea publicista o *community manager*, pero ahora mismo tiene todos los pétalos para ser poeta. Matteo no lo sabe, pero *é più petaloso che tutti i fiori*.

ESPLENDOR DE «GAMBORIMBOS»

No voy a rasgarme las vestiduras porque la RAE le haya dado carta de ciudad al imperativo «iros», ya que si admito que la RAE debería vigilar cómo hablamos, entonces tendría que darle la razón a todos los que quieren imponernos un vocabulario políticamente correcto. Es cierto que la RAE no es la guardia civil de la lengua, pero tampoco me tranquiliza que sea una suerte de notaría, pues así como el dinero B engrasó miles de escrituras y protocolos, por la notaría de la RAE también se cuelan miles de palabros B que ponen en riesgo el tercer cometido de la docta casa: dar esplendor a nuestro idioma.

En realidad, me preocupan mucho más las palabras que la RAE elimina de la norma, que las palabras que la RAE incorpora al DRAE. De hecho, me da igual que nuestro acervo sea más rico después de incorporar «amigovio», «toballa» o «murciégalo» al DRAE, pues estoy convencido de que somos mucho más pobres tras la eliminación de voces como «niervo», «mulier», «portecica» o «lindaño». La indigencia de nuestra expresión oral empobrece al DRAE, ya que consagra en la norma vulgarismos como «iros» a la vez que desecha voces de prosapia literaria o de nobles linajes rurales. La RAE ya no siempre da esplendor, ¡pero no vean cómo limpia!

Por otro lado, si apenas uno de cada cien hispanohablantes nace en España e «iros» es un imperativo incorrecto que sin duda no es empleado por toda la población española, ¿cómo así un vulgarismo chapurreado por una minoría de españoles ingresa en el DRAE antes que otras palabras que utilizan más de ciento treinta millones de mexicanos? Se me ocurre una que merecería formar parte del *Diccionario Secreto* de Cela y que estoy persuadido de que contaría con el apoyo de todos los municipios de habla hispana del mundo. Me refiero a «gamborimbo».

¿Quién no sabe que las toallitas húmedas que los desaprensivos tiran a los retretes obstruyen los bajantes, revientan las arquetas y atascan las alcantarillas? Dentro de las cloacas crecen monstruos de celulosa fecal que colapsan los intestinos de las grandes ciudades y que llegan a pesar toneladas cuando emergen a la superficie. En Nueva York eliminar esos residuos ha supuesto veinte millones de euros en los últimos diez años, mientras que en la Unión Europea esas mismas operaciones nos cuestan mil millones de euros anuales. Pues bien, ¿por qué el personal usa las dichosas toallitas? No hay que ocultar la verdad: para limpiarse la cochambre después de hacer aguas mayores, y en particular esas persistentes bolitas de papel higiénico adheridas a la pelambrera de aquellas regiones. ¿Y existe algún sustantivo que defina dichas bolitas? En inglés reciben el nombre de *dingleberry* (¡ojo, examinandos del C2!), pero en nuestra lengua los mexicanos las llaman «gamborimbos».

Mucho antes que un meteorito impacte contra nuestro planeta, la Tierra podría morir de sed por culpa de los «gamborimbos» que envenenan el agua. Sin duda los «gamborimbos» acaban con los amables caimanes que viven en las redes de alcantarillado y por eso deseo que las redes sociales también sean un esplendor de «gamborimbos», para que los algoritmos de la RAE los recojan en la gran toallita húmeda del habla contemporánea. ¿Qué más da que se trate de un mexicanismo si ningún hispanohablante desea llevar uno incrustado? En este caso es bueno ver el «gamborimbo» en el ojo ajeno, porque a nadie le gustaría tener una viga en el mismo sitio.

Doblemente escatológico –por distópico y coprolálico– el «gamborimbo» debería ser incluido en el DRAE, ya que o se limpia o se fija. Igualito que «iros».

INCAS E HIDALGOS

EL PAN DE CERVANTES Y LA PAPA DEL INCA

Cuatro siglos antes que Amazon ofreciera colocar en cualquier lugar del planeta las últimas novedades editoriales, centenares de ejemplares de la primera edición del *Quijote* navegaron el mismo año de 1605 hacia México, Lima, Panamá, Cartagena, La Habana y Cusco. Asimismo, cuatrocientos años antes que Andrés Neuman, Juan Carlos Méndez Guédez o Mario Vargas Llosa se instalaran en España, el Inca Garcilaso ya se había avecindado en Montilla, donde tradujo del toscano los *Diálogos* de León Hebreo, escribió *La Florida* y comenzó la redacción de sus *Comentarios Reales*. Miguel de Cervantes y el Inca Garcilaso coincidieron en Andalucía a fines del siglo XVI y ambos fallecieron alrededor de un 23 de abril de 1616. Los dos cambiaron nuestra manera de leer mientras cambiaba nuestra manera de comer, pues el *Quijote* llegó a América junto con el trigo, la vid y los olivos, mientras los *Comentarios Reales* salían de la imprenta como crecían las papas, los tomates y las batatas en los huertos sevillanos de Hernando Colón y Nicolás Monardes.

Las primeras voces hispanoamericanas vinieron en pequeños tiestos, a veces como semillas y por lo general en esquejes que prendieron tanto en la tierra como en la lengua después de largas travesías. Hablo de los maíces, pimientos, cacaos, chirimoyas, quinuas, chumberas, jacarandas, molles, tipuanas, ombúes, magnolios, poncianas, guayabos, ceibos, aromos o lapachos, aunque el habla cotidiana los llame «bella sombra», «falsa pimienta», «árbol del coral», «palo borracho», «falsa acacia» o «flamboyanes». Sus sonoros nombres reales fueron impresos en las primeras Crónicas de Indias, cuando nadie se imaginaba que terminarían poblando los parques y jardines de España. Hernando Colón plantó un ombú que todavía florece en el Monasterio de la Isla de la Cartuja y la Glorieta de Bécquer del Parque de María Luisa descansa a la sombra de un enorme ahuehuete.

Sin embargo, el pan que llegó a América con el *Quijote* se multiplicó en proporciones evangélicas y así hoy podemos disfrutar de los *marquesotes* de Oaxaca, la *champurrada* de Guatemala, la *hallulla* ecuatoriana, el *chipá* del Paraguay, la *marraqueta* boliviana, la *churrasca* chilena o el *chuta* cusqueño, un pan oriundo del distrito de Oropesa que todavía se elabora según la receta colonial. El Inca Garcilaso jamás probó el pan en el Perú, pues mientras vivió en el Cusco la producción de trigo no era suficiente para hacer harina y más bien los vecinos mimaban las mieses y las semillas con la finalidad de acrecentar las cosechas. Aun así, el joven Garcilaso llegó a España con sus letras bien aprendidas y un latín tan digno que se lanzó a leer a Cicerón y a traducir del italiano.

Los tiempos de Cervantes y del Inca Garcilaso fueron duros en ambos extremos del océano, aunque entonces descubrir era la única manera de sobrevivir, aprender la forma más segura de prosperar y leer casi tan esencial como comer. Celebramos el cuarto centenario de dos genios de la lengua y con ellos a los hombres y mujeres que mientras rompía el siglo XVII, viajaban con libros y panes, papas y papeles, por la feraz geografía del idioma español.

LA PAPA CALIENTE[55]

En honor a la verdad, esta conferencia debería haberse titulado «Cuando las papas queman», peruanísima alocución que quiere decir que la cosa está que arde o –como dirían aquí en el Caribe– que «la vaina tiene candela», pero que nada tiene que ver con la expresión española de la «patata caliente» y que la RAE define como:

> PATATA CALIENTE. f. Problema grave e incómodo y de difícil solución, que alguien, inhibiéndose en su responsabilidad, traslada a otro.

Todo lo contrario, señoras y señores. En el Perú, cuando «las papas queman» es cuando hay que sacarlas del fuego; es decir, de la olla, de la sartén o del agujero de la *pachamanca*. Nada de trasladarle la responsabilidad a otro porque se trata de una prueba o –peor todavía– de una comprobación. De ahí

55. Conferencia leída en el Festival de la Palabra 2015 en San Juan de Puerto Rico.

que la fórmula retórica completa sea: «A fulanito (imagínense que fulanito es político, entrenador, líder o flamante yerno) hay que verlo cuando las papas quemen».

Sin embargo, antes de embarcar hacia Puerto Rico descubrí que los duendes de la imprenta (léase Mayra Santos-Febres) me habían cambiado el título de esta conferencia por «La papa caliente». Ignoro si ustedes saben lo que es una «papa caliente» en el Perú, pero imagínense que es algo parecido a lo que aquí en el Caribe podría ser una «papaya coruscante»[56]. Una papaya al rojo vivo, para que nos entendamos. Como supondrán, con una «papa caliente» no se debe hacer lo mismo que las circunstancias exigen «cuando las papas queman», porque lo último que hay que hacer con una «papa caliente» es dejar que se enfríe. Así es, señores, una «papa caliente» necesita ternura, cariño y a ser posible, más calor. Por lo tanto, los duendes del Festival de la Palabra me han cambiado la conferencia, porque ustedes no necesitan que nadie les explique qué tienen que hacer cuando las papas se ponen calientes.

Pero aquí no termina la cosa, porque el título completo de mi conferencia es «La papa caliente: ante el centenario del Inca Garcilaso». ¡Esto sí es una patata caliente! Yo me había preparado para hablarles del primer escritor de América en la víspera de 2016, cuando las papas de su centenario estuvieran quemándose; pero dilucidar la importancia de las papas calientes en la vida del mestizo cusqueño y escritor ha sido muy complicado.

En realidad, el cometido original de mi conferencia era exponer el malentendido semántico que provocó que la *papa*

56. El DRAE reconoce la acepción caribeña de papaya como «Órgano sexual de la mujer»; pero todavía no admite el mismo sentido para la voz «papa», muy común en el habla de los países andinos.

peruana terminara convertida en la *patata* española, a pesar de que los cronistas que recorrieron los Andes en el siglo XVI nunca la llamaron *patata* y que en los *Comentarios reales* del Inca Garcilaso –publicados en 1609 y traducidos al inglés en 1625 y al francés en 1633– solo se hablaba de *papas*.

Seamos sinceros, las Crónicas de Indias no llegaron a influir de inmediato ni en la cultura ni en las costumbres de la sociedad europea en general ni en la española en particular, más allá de las noticias del oro y las fabulosas riquezas de América. Tampoco se me escapa que el uso generalizado del sustantivo *patata* no ha sido fomentado por la Real Academia de la Lengua, aunque me permito aclarar que tratándose de los alimentos, el uso debería consentir el abuso. Ludwig Feuerbach nos enseñó que «el hombre es lo que come» y a mí me gustaría precisar que el hombre siempre nombra lo que come, sobre todo si quiere repetir.

–¿Esto cómo tú dices que se llama?

–Papa con carne.

–Pues por favor, sírveme otro platito.

La voz «patata» proviene del taíno *batata*, fruto que nada tiene que ver con el primero, porque la batata o camote es un tubérculo dulce. Colón en su *Diario* (1492) habló de «unas raíces como rábanos grandes» que los indios «cuecen y asan y tienen sabor propio de castañas»[57]. En el *Sumario de la Natural Historia de las Indias* (1526) Gonzalo Fernández de Oviedo identificó aquellas raíces como batatas y volvió a hacer hincapié en que «asadas son excelente y cordial fruta»[58]. Mientras

---

57. Cristóbal COLÓN: *Textos y documentos completos*, Edición de Consuelo Varela, Alianza Universidad (Madrid, 1992), p. 160.

58. Gonzalo FERNÁNDEZ DE OVIEDO: *Sumario de la Natural Historia de las Indias*, edición de José Miranda, FCE (México, 1979), p. 234.

tanto en los Andes, Pedro Cieza de León, refiriéndose a los alimentos de los indios de Quito, relató en su *Crónica del Perú* (1553) que «Al vno llaman Papas, que es a manera de turmas de tierra: el qual después de cozido, queda tan tierno por de dentro como castaña cozida»[59]. Y para que quede claro que no se confundía con ningún otro fruto, Cieza de León afinó todavía más cuando escribió acerca de los cultivos de los Yungas de la costa: «críanse muchas batatas dulces, que el sabor de ellas es casi como el de castañas. Y assimismo hay algunas papas»[60]. Por otro lado, en su *Historia natural y moral de las Indias* (1590), el jesuita José de Acosta volvió a ponderar la importancia de la papa como alimento, al señalar que los hombres de los Andes «suplen la falta de pan con unas raízes que siembran que llaman papas, las cuales debajo de la tierra se dan, y estas son comida de los indios, y secándolas y curándolas, hacen de ella lo que llaman chuño, que es el pan y sustento de aquella tierra»[61]. Por último, el Inca Garcilaso en sus *Comentarios reales de los Incas* fue rotundo cuando escribió sobre las legumbres andinas: «Tiene el primer lugar la que llaman *papa*, que les sirve de pan; cómenla cocida y asada, y también la echan en los guisados»[62]. Y para evitar confusiones apostilló: «Lo que los españoles llaman *batatas* y los indios del Perú *apichu*, las hay de cuatro o cinco colores, que unas son coloradas,

59. Pedro CIEZA DE LEÓN: *Crónica del Perú. Primera Parte*, edición de Franklin Pease G. Y., Pontificia Universidad Católica del Perú (Lima, 1984), p. 130.

60. Ibídem, p. 202.

61. José de ACOSTA: *Historia Natural y Moral de las Indias*, edición de Edmundo O'Gorman, FCE (México, 1979), p. 128.

62. Inca GARCILASO DE LA VEGA: *Comentarios reales de los Incas*, edición de Carmelo Sáenz de Santa María, Biblioteca de Autores Españoles (Madrid, 1963), vol. II, p. 306.

otras blancas, y otras amarillas, y otras moradas; pero en el gusto difieren poco unas de las otras; las menos buenas son las que han traído a España»[63].

Recién en el siglo XVIII, con la edición del *DA* (1726-1739), aparecieron en la norma las primeras definiciones. Así, en la entrada dedicada a la «batata» leemos:

> BATATA. Planta que cultivada y sembrada echa una raíz algo mayor de las que llaman papas, larga y tortuosa. Por de dentro es amarilla y por de fuera parda. Es mui sabrosa y dulce, y aunque de ella se hacen diversos dulces y almíbares muy delicados, con especialidad es más grata assada, y rociada después con vino y azúcar. En España se crían muchas en las cercanías de Málaga.

La definición anterior permaneció tal cual hasta 1817, conviviendo a lo largo de seis ediciones con la entrada correspondiente a «papa»:

> PAPA. Ciertas raíces que se crían debaxo de la tierra, sin hojas y sin tallos. Pardas por de fuera y blancos por de dentro. Es cómida insípida. (*DA*)

Las papas continuaron siendo así de insípidas hasta la edición de 1817, aunque lo más curioso es que la voz «patata» fue definida –desde la primera edición de 1726 hasta la quinta de 1803– como «lo mismo que batata». Por lo tanto, si el sustantivo «patata» viene del error de haberlo confundido con «batata» –aunque unas fueran dulces y las otras insípidas– quiere decir

63. Ibídem, p. 307.

que desde el Descubrimiento de América hasta la promulgación de la Constitución de Cádiz en 1812, la «papa» o «patata» nunca fue un alimento de consumo masivo en la península Ibérica, a pesar de las Crónicas de Indias, de los trescientos años de dominación colonial y de la españolísima tortilla de patatas, cuya invención celebro.

No obstante, en otros países y en otras lenguas europeas la suerte del tubérculo andino fue muy diferente, pues luego de comprobar sus virtudes como ración marinera, el corsario Francis Drake llevó las primeras papas a Inglaterra en 1586[64], donde el botánico John Gerard certificó su valor alimenticio[65] y sir Walter Raleigh promovió su consumo[66]. Los británicos adaptaron al inglés la voz taína-española «batata», mas no cayeron en la misma confusión semántico-culinaria porque una se convirtió en *sweet potato* y la otra en *white potato*, *bastard potato* o simplemente *potato*, tal como ya la encontramos en el quinto acto de la comedia *Merry Wives of Windsor* (1598)[67]

64. Redcliffe N. SALAMAN: *The History and Social Influence of the Potato*, Cambridge University Press (Cambridge, 2000), p. 147. La humanidad no recuerda a ningún español como introductor de la papa en Europa, sino a un mortal enemigo de la corona española como el corsario Francis Drake. En 1853 la ciudad de Offenburg (Alemania) dedicó un monumento a Francis Drake, en cuyo pedestal el escultor Andreas Friederich buriló: «Sir Francis Drake, diseminator of the potato in Europe in the Year of Our Lord 1586. Millions of people who cultivate the earth bless his inmortal memory».

65. Ibídem, p. 146.

66. Ibídem, pp. 148-149.

67. En la escena quinta del quinto acto de *Merry Wives of Windsor* Falstaff le dice a Mistress Ford: «My doe with the black scut! Let the sky rain potatoes; let it thunder to the tune of "Green Sleeves"; hail kissing-confits and snow eringoes, let there come a tempest of provocation, I will shelter me here». Lo curioso del caso es que el primer traductor al español de la obra de Shakespeare fue el poeta peruano José Arnaldo Márquez, quien tampoco tradujo «potatoes» por «papas», aunque ignoro si los editores españoles corrigieron su traducción que quedó

y en el mismo acto quinto de la tragedia *Troilus and Cressida* (1602)[68], ambas de William Shakespeare. A lo largo del siglo xvii la papa formó parte de la dieta cotidiana de campesinos rusos, irlandeses y polacos, así como del rancho del ejército de Prusia, donde Federico «El Grande» implantó su cultivo con fines militares en 1751. Precisamente, el boticario francés Antoine de Parmentier descubrió las posibilidades alimenticias de la papa mientras fue prisionero de los prusianos y en 1785 consiguió que Luis XVI patrocinara su cultivo masivo para combatir las hambrunas de Francia.

Como se puede apreciar, a pesar de la curiosidad que despertaron las Crónicas de Indias desde el siglo xvi, el interés español por las «cosas» de América se concentró en los metales preciosos, relegando el conocimiento de nuestra historia y cultura a esas minorías cultivadas que leían mucho, pero que jamás cultivaron papas porque los alimentos indígenas les importaron una *papa*, confundieron papas con camotes y de nuestras costumbres nunca entendieron ni *papa*.

El próximo año, 2016, además de celebrar en Puerto Rico el vii Congreso Internacional de la Lengua Española, se cumplirán cuatrocientos años de la muerte de Miguel de Cervantes, William Shakesperare y el Inca Garcilaso de la Vega, los tres fallecidos en abril de 1616. ¿Qué significa que Shakespeare ya usara la voz *potato* en 1598? La respuesta en un *papazo*: signi-

---

finalmente así: «¿Es mi cierva de pequeña cola negra? Que lluevan patatas; que los truenos canten la tonada de las "Mangas Verdes"; que caigan por granizo confites azucarados, que haya una borrasca de todas las tentaciones; yo me refugiaré siempre aquí». Ver Guillermo SHAKESPEARE: *Dramas* [traducción de José Arnaldo Márquez], E. Domenech y Cía. (Barcelona, 1883), p. 371.

68. En la segunda escena del quinto acto de *Troilus and Cressida* Thersites exclama: «How the devil Luxury, with his fat rump and potato finger; tickles these together! Fry, lechery, fry!».

fica que el sustantivo español «patata» es un tremendo anglicismo, tomado del habla y de la mesa de los ingleses, porque Cervantes nunca supo lo que era una «patata» y el pobre Inca Garcilaso fracasó en su intento de llamarla «papa», como todos en España llamaban al pan «pan» y al vino «vino». Esa era la papa que se estaba quemando en mi conferencia original, pero no puedo terminar sin una alusión a las papas calientes en la vida del Inca Garcilaso.

Entre 1561 y 1591, el Inca Garcilaso de la Vega vivió en la villa cordobesa de Montilla, donde tradujo los *Diálogos de Amor* de León Hebreo, escribió *La Florida del Inca* y comenzó a redactar los *Comentarios reales*. Hoy sabemos que el Inca fue padrino de bautismo y testigo de bodas en docenas de ocasiones, siempre acompañado de una tal D.ª María de Angulo, sobrina de la esposa de Alonso de Vargas, su tío y protector. ¿Habría habido algo entre aquellos primos políticos que vivieron bajo el mismo techo durante las calenturas de la juventud y el verano andaluz? Imposible saberlo, porque D.ª María de Angulo se metió de monja cuando el Inca –soltero y cincuentón– se fue de Montilla para instalarse en Córdoba[69]. Hoy sabemos además, que el Inca tuvo un hijo al que nunca reconoció, porque en 1620 aquel hombre declaró en una probanza ser «hijo natural» de Garcilaso de la Vega, lo que quiere decir que el Inca repitió con una mujer blanca el mismo abuso que su padre español cometió con su madre india: se rajó cuando las papas quemaron[70].

---

69. Ver Raúl PORRAS BARRENECHEA: *El Inca Garcilaso en Montilla*, Gráficas Munda (Montilla, 1992), pp. 42-43.

70. Max HERNÁNDEZ: *Memoria del bien perdido: Memoria, identidad y nostalgia en el Inca Garcilaso*, Sociedad Estatal del Quinto Centenario (Madrid, 1992), pp. 180-182.

Como se puede apreciar, la papa peruana es más polisémica que la patata española, pues sus connotaciones no se agotan con las que he sembrado a lo largo de esta perorata. De hecho, en diciembre de 1591 coincidieron en Montilla don Miguel de Cervantes y el Inca Garcilaso de la Vega, aunque no existe ningún documento que acredite que ambos hombres de letras se conocieron. Sabemos que Cervantes ambientó en Montilla una de sus *Novelas ejemplares* –el «Coloquio de los perros»– y por aquellos años el Inca sería el único vecino de la villa que leía, traducía, atesoraba libros y adquiría recados de escribir como papeles, tinteros, plumas, cañones, vainas, campanillas y escribanías, con fines estrictamente literarios. Es una pena no tener constancia de aquel posible encuentro, pues justo un año antes le habían negado a Cervantes una plaza de corregidor perpetuo en el Alto Perú y en Montilla todos sabrían que el Inca Garcilaso era cusqueño, descendiente de los Incas y hombre de armas y de letras como el propio Cervantes. No obstante, como me gusta fantasear y urdir tramas verosímiles, quiero creer que ambos escritores *papearon* juntos y que regaron la cena con generosos vinos montillanos que bebieron hasta coger una *papa* memorable. ¡Y quién sabe! Quizá Cervantes le preguntara al Inca dónde podía encontrar en Montilla una papita caliente.

CERVANTES Y FRANKENSTEIN

Teniendo en cuenta que fue Cervantes quien retrató al hampa sevillana en Rinconete y Cortadillo, *que justo en esa ciudad estuvo encarcelado por un delito tan de actualidad como el manejo dudoso de fondos públicos y que fue tal vez durante su cautiverio cuando se le ocurrió la trama del Quijote, yo me atrevería a elevar una modesta proposición a las autoridades culturales andaluzas: si no le dan el nombre de Miguel de Cervantes a un instituto, que se lo pongan al menos a una prisión.*

Antonio Muñoz Molina, *La huerta del Edén*

A diferencia de Shakespeare, cuyo IV Centenario será celebrado en el Reino Unido con fastos que moverán millones de libras, los presupuestos de los actos conmemorativos por los cuatrocientos años del fallecimiento de Cervantes serán en España tan escuálidos como el propio don Quijote. En realidad, la obra de Shakespeare se mantiene fresca y lozana sobre los escenarios de todo el planeta, retoña gracias a películas que actualizan sus ficciones –desde *The Lion King* (1994) hasta *West Side Story* (1961)– y podría tararearse a través de canciones de los Beatles, Rolling Stones, Led Zeppelin, David Bowie, Lou Reed, Eagles, Bob Dylan, Elvis Costello, Rush o Elton John. Por el contrario, el único título de Cervantes que no ha envejecido en absoluto es precisamente el *Quijote*, cuya lectura pública los 23 de abril de cada año es un alegato contra su ausencia de la actualidad cultural, educativa o escénica española. A Shakespeare no hay que exhumarlo una vez al año, mientras que a Cervantes trataron de desenterrarlo del madrileño convento de las Trinitarias para utilizar sus huesos como *souvenir*, pues alguien pensó que a falta de lectores buenos son los turistas.

En la misma España Cervantes ha tenido que demostrar su valía y su vigencia en más de una ocasión a lo largo de los últimos cuatro siglos, avalando así la reflexión de Coetzee acerca de los clásicos:

> ... lo clásico es aquello que sobrevive a la peor barbarie, aquello que sobrevive porque hay generaciones de personas que no se pueden permitir ignorarlo y, por tanto, se agarran a ello a cualquier precio.
>
> Así pues, llegamos a una cierta paradoja. El clásico se define en sí mismo por la supervivencia. Por tanto, la interrogación al clásico, por más hostil que sea, forma parte de la historia del clásico, porque mientras un clásico necesite ser protegido del ataque no podrá probar que es un clásico[71].

En efecto, Cervantes fue atacado sin piedad en el siglo XVIII, XIX, XX y está a un tris de serlo también en este siglo XXI, porque las lecciones del *Quijote* siempre fueron de difícil digestión en cualquier época de la historia de España:

> Para poder leer los libros clásicos hay que establecer *desde dónde* se los lee. De lo contrario tanto el libro como el lector

---

71. J. M. COETZEE: *Costas extrañas. Ensayos, 1986-1999* [Trad. de Pedro Tena], Debate (Barcelona, 2005), pp. 28-29.

> se pierden en una nube intemporal. Así pues, el máximo «rendimiento» de la lectura de los clásicos lo obtiene quien sabe alternarla con una sabia dosificación de la lectura de la actualidad. Y esto no presupone necesariamente una equilibrada calma interior: puede ser también el fruto de un nerviosismo impaciente, de una irritada insatisfacción[72].

La España contemporánea vive sumergida en la trifulca política, acosada por los fantasmas de su historia y jalonada por las corrientes centrífugas de sus comunidades más díscolas, y desde esa estresante actualidad el *Quijote* es leído –por cierto– con impaciencia e irritación.

El Quijote y las dos Españas

Cuando llegué a Sevilla en 1985 descubrí la diversidad lingüística española y las enconadas querellas entre las «Dos Españas» del poema de Machado[73]. Con respecto a lo primero, debo decir que para cualquier hispanoamericano resultan cuando menos extraños los conflictos que la convivencia de idiomas desata dentro de España, existiendo como existen en nuestros países docenas o centenares de lenguas –minoritarias con respecto al español como consecuencia de una dominación colonial– que conviven sin que sus hablantes riñan o se enzarcen. Y acerca de lo segundo, confieso mi fascinación sociológica por el sectarismo y la pulsión tanática de España, dos

---

72. Italo CALVINO: *Por qué leer los clásicos* [Trad. de Aurora Bernárdez], Tusquets (Barcelona, 1992), p. 18.

73. Se trata de una copla de *Campos de Castilla* (1912): *Españolito que vienes / al mundo, te guarde Dios. / Una de las dos Españas / ha de helarte el corazón*, en Antonio MACHADO: *Antología Poética*, Salvat (Navarra, 1985), p. 140.

agonías que siguen validando la antigua sentencia de Otto von Bismarck: «España es una nación tan fuerte, que lleva siglos tratando de autodestruirse y no lo consigue».

Muchas veces me he preguntado cómo se avinieron o comunicaron los pobladores de las distintas regiones de España antes del siglo XX, cuando era imposible familiarizarse como ahora con todas las lenguas del estado español, gracias a los medios audiovisuales contemporáneos. Sin embargo, descubrí la respuesta releyendo la segunda parte del *Quijote*, cuando el melancólico hidalgo llega a Cataluña y conversa con el bandolero Roque Guinart, quien se expresaba en lengua «gascona y catalana» empleando expresiones como *frade*, *lladres* y *pedreñales*, que no entrañaron ningún problema de comprensión, ni siquiera para el cazurro Sancho[74]. Por lo tanto, si manchegos y catalanes podían entenderse mutuamente hablando sus respectivas lenguas en el siglo XVII, quiere decir que desde entonces hasta el presente siglo XXI España ha venido a menos.

Así, Cervantes narró en el capítulo LX de la segunda parte del *Quijote* un episodio que debió ser moneda corriente en la España del Siglo de Oro. A saber, diálogos entre hablantes de las distintas lenguas peninsulares, quienes con buena voluntad y sentido común se entendían divinamente, a pesar de la ausencia de los infinitos recursos que hoy existen para estudiar idiomas desconocidos. De hecho, ¿cómo se las apañaron los misioneros para escribir en el siglo XVI vocabularios de lenguas tan disímiles como el quechua, el tagalo, el náhuatl, el japonés o el aimara? Sin duda extrapolando sus conocimientos de gramática latina, lo que significaría que quizá mejoraría la

---

74. Miguel de CERVANTES: *Don Quijote de la Mancha*, edición del Instituto Cervantes 1605-2005, Galaxia Gutenberg, (Barcelona, 2004), p. 1232.

convivencia española si se estudiaran mejor las lenguas clásicas en la secundaria.

El *Quijote* no es una novela políticamente correcta donde las minorías lingüísticas aparezcan de acuerdo a una cuota o según las exigencias de la discriminación positiva, pues tales criterios pertenecen más bien a las obsesiones de nuestro tiempo. Sin embargo, en el *Quijote* podemos reconocer la presencia de personajes vizcaínos, catalanes o navarros; así como judíos, moriscos e indianos, junto a «toscanos» (italianos), «franchotes» (franceses) y «tudescos» (alemanes).

Quiero recordar que la Sevilla de los siglos XVI y XVII era una de las metrópolis más cosmopolitas de Europa, con sus pasajeros de Indias provenientes de toda la península, grabadores flamencos, pintores italianos, impresores alemanes y esclavos de tres continentes. La diversidad de aquella España no escapó a la mirada penetrante de Cervantes, quien espolvoreó por el *Quijote* las semillas del Babel peninsular.

Por otro lado, no conozco odios más feroces ni tirrias más rotundas que las que se prodigan las sempiternas «Dos Españas», cada una encastillada en su campanario, negándole el pan y la sal a su enemiga secular. Por eso quiero convocar un pasaje del *Quijote* donde Sancho narra cómo dos degustadores de vino discrepaban sobre el sabor del caldo: uno aseguraba que sabía a hierro y el otro estaba persuadido de que el vino tenía gusto a cordobán. No se pusieron de acuerdo, pero cuando la cuba quedó vacía encontraron al fondo del tonel una llave de hierro atada a una correa de cuero. En realidad, los dos decían la verdad, pero solo una parte de la verdad. Los dos tenían razón, aunque solo la mitad de la razón. Ninguno fue capaz de reconocer ni el más mínimo porcentaje de acierto en la opinión del otro. O badana o hierro y cierra España:

> Diéronles a los dos a probar el vino de una cuba, pidiéndoles su parecer del estado, su cualidad, bondad o malicia del vino. El uno lo probó con la punta de la lengua; el otro no hizo más de llegarlo a las narices. El primero dijo que aquel vino sabía a hierro; el segundo dijo que más sabía a cordobán. El dueño dijo que la cuba estaba limpia y que el tal vino no tenía adobo alguno por donde hubiese tomado sabor de hierro ni de cordobán. Con todo eso, los dos famosos mojones se afirmaron en lo que habían dicho. Anduvo el tiempo, vendiose el vino, y al limpiar de la cuba hallaron en ella una llave pequeña, pendiente de una correa de cordobán[75].

Muchos de los problemas de la vida cotidiana española se originan por discrepancias semejantes a la ilustrada por Cervantes en el capítulo XIII de la segunda parte del *Quijote*, pues muy pocos están dispuestos a admitir los errores propios y mucho menos el *quantum* de verdad y razón que asisten al adversario. ¡Qué digo, adversario! En España no hay ni rivales ni adversarios, solo enemigos. O badana o hierro y cierra España. Todos los conflictos de la historia de España se cifran en aquel episodio cervantino sobre el que una y otra vez se enzarzan las dos Españas.

Siempre que observo en España discusiones crispadas sobre temas políticos, sociales, deportivos, religiosos e incluso literarios, soy perfectamente consciente de que los contrincantes podrían ahorrarse horas de bilis y malhumor con solo explorar el fondo de los toneles, aunque a todos les iría mejor si leyeran el *Quijote*. El problema es que leer a Cervantes no siempre ha sido bienhechor para los españoles.

---

75. Ibídem, p. 799.

Cervantes y el burro flautista

Cuando España se preparó para celebrar el III Centenario de la edición del *Quijote*, la obra ya había recibido encendidos elogios de Flaubert, Stendhal, Victor Hugo, Heine, Manzzoni, Eça de Queirós, Schiller, Freud, Kierkegaard, Sterne, Defoe, Byron, Turguéniev y Dostoievski, entre otras grandes figuras de las letras europeas. No obstante, para los intelectuales españoles más importantes de aquella época había algo incomprensible. ¿Cómo un escritor como Cervantes, que jamás pisó la universidad y a quien consideraban más bien un mediocre, podía convocar tanta admiración universal? En realidad, la perplejidad cervantina de aquel año de 1905 solo era comparable a la estupefacción que provocó en España el Nobel de Literatura que Echegaray había recibido apenas un año antes.

Así, en abril de 1905 Miguel de Unamuno publicó en *La España Moderna* un ensayo titulado «Sobre la lectura e interpretación del *Quijote*»[76], donde se empeñó en demostrar que algunas obras –como el *Quijote*– eran superiores a sus creadores:

> Y no me cabe duda de que Cervantes es un caso típico de un escritor enormemente inferior a su obra, a su *Quijote*. Si Cervantes no hubiera escrito el *Quijote*, cuya luz resplandeciente baña sus demás obras, apenas figuraría en nuestra historia literaria sino como un ingenio de quinta, sexta o décimatercia fila. Nadie leería sus insípidas *Novelas Ejemplares*, así como nadie lee su insoportable *Viaje del Parnaso*, o su Teatro. Las novelas y digresiones mismas que figuran

76. Miguel de UNAMUNO: «Sobre la lectura e interpretación del *Quijote*», en *Ensayos*, Tomo I, Aguilar Ediciones (Madrid, 1951), pp. 653-672.

> en el *Quijote*, como aquella impertinentísima novela de *El Curioso Impertinente*, no merecerían la atención de las gentes. Aunque Don Quijote saliese del ingenio de Cervantes, Don Quijote es inmensamente superior a Cervantes. Y es que, en rigor, no puede decirse que Don Quijote sea hijo de Cervantes; pues si este fue su padre, fue su madre el pueblo en que vivió y de que vivió Cervantes, y Don Quijote tiene mucho más de su madre que no de su padre[77].

En aquel ensayo Unamuno esbozó una teoría de la genialidad, según la cual existen «genios que lo son durante toda su vida, y que durante toda ella aciertan a ser ministros y voceros espirituales de su pueblo» y –por otro lado– «genios temporeros, genios que no lo son más que en alguna ocasión de su vida». ¿Qué clase de genio habría sido Cervantes según Unamuno?:

> Cervantes fue, pues, un genio temporero; y si se nos aparece como genio absoluto y duradero, como mayor que los más de los genios vitalicios, es porque la obra que escribió durante la temporada de su genialidad es una obra no ya vitalicia, sino eterna. Al héroe de un día, al que en el día de su heroicidad le sea dado derrocar un inmenso imperio y cambiar así el curso de la Historia, le está reservado en la memoria de las gentes un lugar más alto que el de muchos genios vitalicios que no derrocaron imperio alguno material. Ahí tenéis a Colón. ¿Qué es Colón sino un héroe de temporada?[78].

77. Ibídem, pp. 664-665.

78. Ibídem, p. 667. La comparación con Colón no podía ser más oportuna, porque Colón jamás ha gozado de la simpatía española. En Inglaterra, Francia y Estados Unidos Cristóbal Colón es un héroe, pero en España Colón solo es un detergente.

Al parecer, Unamuno consideraba injusto que la genialidad «temporal» de Cervantes eclipsara la genialidad «vitalicia» de otros autores de mayores méritos, pero llama la atención la correspondencia que estableció entre los méritos de Cervantes y Colón. ¿Acaso el *Quijote* estaba predestinado a ser escrito, tal como el continente americano hubiera sido descubierto por cualquier otro navegante? Quien se pronunció esotéricamente al respecto fue el filósofo José Ortega y Gasset en 1914:

> *Hamlet* y *Don Quijote* hallábanse desde el comienzo de los tiempos en un *τόπος ὑπερουράνος*, en un lugar ideal en compañía de otras innumerables obras de arte aún desconocidas, algunas de las cuales tal vez nunca desciendan a la Tierra. Shakespeare y Cervantes fueron dos órganos de visión, nada más, como dos pupilas capaces de perforar la atmósfera densa, inerte de lo consuetudinario e intuir aquellos dos objetos yacentes *ab aeterno* en su ideal espacio[79].

Al igual que Unamuno, Ortega tampoco creía que Cervantes fuera digno del *Quijote*, y recordó de forma despectiva su «ordinaria» condición de recaudador de impuestos:

> … cuán difícil se hace caer en la cuenta de que el autor de la obra no es el hombre que un día se elevó hasta crearla o, mejor dicho, que el hombre que un día se eleva hasta producir la obra solo un remoto parentesco tiene con ese mismo

79. José ORTEGA Y GASSET: *Meditaciones del Quijote con un apéndice inédito*, Alianza Editorial (Madrid, 2005), p. 129.

> hombre ocupado en vivir la vida ordinaria. ¿Qué tiene que ver el alcabalero Cervantes con el *Quijote*?[80].

Tanto Unamuno como Ortega le concedieron a Cervantes un momento de genialidad o una visión intuitiva, respectivamente; dos «elogios» conmiserativos que más bien desdeñaban los méritos de Cervantes hasta ponerlo a la altura del burro que sopló la flauta en aquella fábula de la antigüedad. Cervantes habría sido así un vulgar instrumento, el «vientre de alquiler» de Sancho y Don Quijote. En este punto Unamuno fue implacable y rotundo: «Dios no mandó a Cervantes al mundo más que para que escribiese el *Quijote*, y me parece que hubiera sido una ventaja el que no conociéramos siquiera el nombre del autor»[81].

No obstante, obsesionado con descifrar el destino de España a través de las páginas del *Quijote*, Ortega nunca quiso entender que algo tan serio pudiera convivir con la ironía. En realidad, prisionero de su propia solemnidad, Ortega no solo era incapaz de comprender la función del humor en el *Quijote* en particular, sino en el mundo en general:

> Seamos sinceros: el *Quijote* es un equívoco. Todos los ditirambos de la elocuencia nacional no han servido de nada. Todas las rebuscas eruditas en torno a la vida de Cervantes no han aclarado ni un rincón del colosal equívoco. ¿Se burla Cervantes? ¿Y de qué se burla? Lejos, sola en la abierta llanada manchega, la larga figura de Don Quijote se encorva como un signo de interrogación; y es como un guardián del secreto español, del equívoco de la cultura española. ¿De qué se burlaba aquel pobre alcabalero desde

80. Ibídem, p. 128.

81. Miguel de UNAMUNO: «Lectura e interpretación del *Quijote*», óp. cit., p. 668.

el fondo de una cárcel? ¿Y qué cosa es burlarse? ¿Es burla forzosamente una negación?[82].

Cervantes fue un intruso y un convidado molesto en los fastos organizados para conmemorar el III Centenario de la edición del *Quijote*, pues los grandes exégetas de la historia de España no necesitaban al creador sino solo a su criatura. Así, con la honrosa excepción de Luis Cernuda[83], la mayor parte del estamento intelectual español acató sin chistar los dicterios de Unamuno: «Considero que una de las mayores desgracias que al quijotismo pudiera ocurrirle es que se descubriese el manuscrito original del *Quijote*, trazado de puño y letra de Cervantes. Es de creer que semejante manuscrito se destruyó, afortunadamente»[84].

Cervantes contra los monstruos

Si en 1905 el *Quijote* se convirtió en el símbolo de la unidad de España y en una parábola del destino histórico del espíritu

---

82. José ORTEGA Y GASSET: *Meditaciones del Quijote…*, óp. cit. p. 71.

83. En 1941 Cernuda dedicó un amplio ensayo a refutar las tesis quijotistas del 98 y desagraviar a Miguel de Cervantes: «Para quienes venimos tras una generación como la de 1898, más rica quizá en comentario estético que en creación artística, esta dificultad a que aludo resulta particular. Parte de nuestra literatura fue examinada por ellos desde su punto de vista un tanto sentimental y caprichoso, proyectando sobre aquélla su propia imagen. En este y otros sentidos son inferiores a los escritores precedentes del tiempo de la Restauración, los cuales no olvidan la máscara, tan necesaria siempre al artista. Los otros, en cambio, hablan siempre de sí mismos, creyendo así dejar impresa su imagen en el tiempo». Luis CERNUDA: «Cervantes», en *Poesía y literatura I y II*. Seix-Barral (Barcelona, 1975), p. 223.

84. Miguel de UNAMUNO: «Lectura e interpretación del *Quijote*», óp. cit., p. 668.

español, cien años más tarde el *Quijote* representa para algunos todos los valores políticamente correctos de nuestro tiempo –la utopía, la justicia social y la multiculturalidad–, mientras que para otros encarna la decadencia y la crisis de la España contemporánea, porque el *Quijote* fue un perdedor literario cuya derrota no sirve de paradigma a una sociedad «desleída» y ávida de grandes relatos autocomplacientes:

> Don Quijote explica a Sancho que Homero y Virgilio no describían a los personajes «como ellos fueron, sino como habían de ser para quedar ejemplo a los venideros hombres de sus virtudes». Ahora bien, el propio Don Quijote es cualquier cosa menos un ejemplo a seguir. Los personajes novelescos no piden que se les admire por sus virtudes. Piden que se les comprenda, lo cual es algo totalmente distinto. Los héroes de epopeya vencen o, si son vencidos, conservan hasta el último suspiro su grandeza. Don Quijote ha sido vencido. Y sin grandeza alguna. Porque, de golpe, todo queda claro: la vida humana como tal es una derrota[85].

Sin embargo, en este IV Centenario de la muerte de don Miguel de Cervantes advierto una diferencia notable con respecto a 1905: ya no interesa tanto *el* Quijote, sino *los* Quijotes, porque el *Quijote* se ha convertido en una novela «progresista» que predica la tolerancia y la esperanza en la utopía, como si en lugar del «Ingenioso Hidalgo» Alonso Quijano hubiera sido el «Quijote Solidario» o el «Llanero de la Triste Figura». Y Cervantes –por supuesto– ha desaparecido del todo. De ahí que no me extrañaría que dentro de cien años –cuando toda

85. Milan KUNDERA: *El telón. Ensayo en siete partes* [Trad. Beatriz de Moura], Tusquets (Barcelona, 2005), p. 21.

Europa sea un exclusivo balneario saudí– solo se hable de Cide Hamete Benengeli.

Por eso pienso que Miguel de Cervantes tiene mucho en común con el profesor Victor von Frankenstein: ambos crearon un monstruo, ninguno pudo controlarlo y las dos criaturas trascendieron más que sus creadores. Así, el *Quijote* es un monstruo camaleónico, un mutante literario, un *zelig* perfectamente capaz de transformarse de manera sucesiva para dar forma a los «sueños de la razón» de cada época.

En cualquier caso, para derrotar a su monstruo Cervantes tendría que llegar a ser más políticamente correcto que el *Quijote* y para ello habría que buscarle un origen musulmán[86] o alguna opción sexual trasgresora[87]. ¿Quién pudo haber escrito un libro tan poliédrico como el *Quijote*? Solo un autor que reuniera en su persona todos los rostros de la marginalidad, todas las identidades de las minorías y todas las expresiones de la disidencia. Por lo tanto, solo si Cervantes dejara de ser Cervantes seguiremos recordándolo dentro de cien años más. ¿Cómo será esa clase del futuro sobre el autor del *Quijote* en alguna escuela de Murcia, Gijón o Sevilla?

–A ver, niños. ¿Por qué estudiamos a Cervantes?

–Porque era homosexual, señorita.

–Muy bien, Jaimito, pero no te olvides que además era minusválido.

---

86. Antonio MEDINA MOLERA: *Cervantes y el Islam. El Quijote a cielo abierto*, Ediciones Carena (Barcelona, 2005).

87. Rosa ROSSI: *Sulle tracce di Cervantes*, Editori Riuniti (Roma, 1997).

EL INCA GARCILASO, GUAY DE MOJÓN EN MONTILLA[88]

Déjame que te cuente, Montilla. Déjame que te diga la gloria del aroma en la boca y la memoria del viejo caldo de Moriles, Montalbán, Monturque, La Rambla, Lucena, Baena, Espejo, Fernán Núñez, Montemayor, Nueva Carteya, Santaella, Puente Genil, Cabra, Doña Mencía, Aguilar de la Frontera y por supuesto Montilla, la única parte del territorio peruano que se encuentra en Europa, porque gracias a San Francisco Solano y al Inca Garcilaso los montillanos pueden sentirse peruanos en mi país y todos los peruanos sabemos que Montilla vale un Perú.

Ustedes nos enviaron un santo y nosotros les mandamos un escritor. No estuvo nada mal el intercambio, porque san Francisco Solano fue el primer misterio de un rosario al que siguieron santo Toribio de Mogrovejo, santa Rosa de Lima, san Juan Macías y san Martín de Porres; mientras que el Inca Garcilaso se convirtió en otro eslabón de una cadena literaria

88. Pregón de los Vinos de Montilla-Moriles 2016.

donde ya estaban Quevedo, Lope de Vega, Góngora y Cervantes. Más adelante retomaré a Góngora y Cervantes, porque ahora me gustaría decir que para que la justicia sea absoluta, el Fútbol Club San Francisco Solano de Arequipa debería jugar en la primera división peruana, aunque antes les aclaro que –a diferencia de España– los peruanos jamás le ponemos a los equipos el mismo nombre de nuestros pueblos y ciudades, porque no nos gusta que la marca de nuestra patria chica termine goleada. Para eso están los poetas, los héroes y los santos.

En efecto, en la liga peruana se enfrentan el Mariscal Sucre contra Santa Rosa, Juan Aurich contra Mariano Melgar o San Martín de Porres contra el Coronel Francisco Bolognesi; pero el Fútbol Club San Francisco Solano juega en la tercera regional de Arequipa y ni siquiera ganando la Copa Perú podría subir a primera división. Por si acaso, no hay que confundir al Fútbol Club San Francisco Solano de Arequipa con el Atlético San Francisco Solano del área metropolitana de Buenos Aires, equipo que encima acaba de cambiarse oportunistamente de nombre, pues ahora se llama Alianza Papa Francisco. Su Santidad se ha sentido muy honrado con semejante detalle, pero ha rezado novenas para que este equipo nunca ascienda a primera, porque el Papa Francisco es hincha de San Lorenzo –otro club con nombre de santo– y porque San Lorenzo contra el Papa Francisco además suena fatal. ¿No sería bonito que en un futuro torneo de verano se enfrentaran en el Estadio Municipal de Montilla el San Francisco Solano de Arequipa contra el Inca Garcilaso del Cusco? Sería todo un «clásico» de los Andes convertido en un derbi montillano.

Quiero confesarles que he tratado en vano de conectar a san Francisco Solano con los vinos de Montilla-Moriles, pero ha sido imposible porque aquel hombre era un santo verdadero y jamás bebió otro líquido que no fuera agua. Así es, cuando el criollo fray Jerónimo de Oré vino desde el Perú con la finalidad de recoger en Montilla testimonios para la beatificación de Solano, todos los testigos hicieron hincapié en los mortificantes ayunos del santo y en su estricta dieta de pan y agua. Y que conste que Solano acompañaba a los vendimiadores al campo para cantarles coplas que alegraran aquellas faenas de sol a sol, como declararon en 1613 Juan Ruiz de Lucena y Francisco de Aranda, vecinos de Montilla, quienes recordaron cómo san Francisco Solano cantaba:

Milagro, milagro cierto,
soberano y muy divino,
que en forma de pan y vino,
Nuestro Señor viene encubierto[89]

Huelga decir que la copla del santo no hacía alusión a las propiedades espirituosas del vino sino a sus influencias bienhechoras para el alma a través de la Eucaristía, porque en el mismo trayecto de regreso de la viña los testigos recordaron que San Francisco Solano improvisaba otra letra para que los vendimiadores no se vinieran arriba:

A ti, Señor, te alabamos
los pobres hijos de Adán.
Y muchas gracias te damos
porque nos disteis agua y pan[90]

Cuando se convocaron en Lima los testimonios para el proceso diocesano de san Francisco Solano, dos montillanos se presentaron como testigos en 1610. A saber, el soldado Juan

89. *Proceso Diocesano de San Francisco Solano*, 1610-1613, Gráficas Mvnda (Montilla, 1999), p. 323.

90. Ibídem.

Fernández y el labrador Martín Gómez, quienes revelaron que solían visitar al santo para hablar de los parientes, amigos y vecinos de Montilla. Me ha interesado la figura del labrador Martín Gómez, porque declaró que vivía en «la chácara de Juan Sambrano Beçerra»[91]. ¿Y quién era Juan Zambrano Becerra? Un pájaro denunciado muchas veces como testaferro de los regidores que controlaban los precios de la carne[92] y que en 1635 estaba en la cárcel por apropiarse de las tierras de los indios Carabayllos para anexarlas a su hacienda de Collique[93]. Zambrano Becerra falleció en prisión, aunque antes de morir dispuso que su mujer entrara en un convento de clausura. Y para asegurarse el cumplimiento de esa última voluntad, depositó una cuantiosa dote en las cajas reales de Lima. Su viuda pleiteó durante veinte años para abandonar el convento, pero las monjas no la dejaron salir porque la dote había sido embargada. Así que la viuda murió en la La Encarnación de Lima convertida en proto-monja o en el peor de los casos en monja «pirata» o «sumergida», y para colmo las monjitas no cobraron. Hasta 1678 la abadesa de La Encarnación pleiteó para recuperar la dote del concurso de acreedores de Zambrano Becerra[94], pero aquí lo que nos interesa es que el montillano Martín

---

91. Ibídem, p. 43.

92. Guillermo LOHMANN VILLENA: «Los regidores andaluces del cabildo de Lima» en *Andalucía y América en el Siglo XVI*, Escuela de Estudios Hispanoamericanos (Sevilla, 1983), vol. II, p. 256.

93. Alexander ORTEGAL IZQUIERDO y Carlos CARCELÉN RUIZ: *Control Espiritual y Bienes Temporales: Manuscritos del Tribunal de la Inquisición de Lima. Siglos XVI-XIX. Catálogo de la serie Contencioso*, Universidad Nacional Mayor de San Marcos (Lima, 2000), p. 120.

94. Laura GUTIÉRREZ ARBULÚ y F. Javier CAMPOS Y FERNÁNDEZ DE SEVILLA: *La Orden de San Agustín en el Archivo del Arzobispado de Lima*, Instituto Escurialense de Investigaciones Históricas y Artísticas (San Lorenzo de El Escorial, 2012), pp. 262, 339 y 340.

Gómez trabajaba a comienzos del siglo XVII en una propiedad que según el cronista fray Reginaldo de Lizárraga tenía «huertas y viñas llenas de árboles frutales» y que –como en otras partes de Lima– «hácese buen vino y fuera mejor si el vidueño fuera del que llamamos torrontés»[95]. ¿Habría tenido alguna responsabilidad el montillano Martín Gómez en el proceso de elaboración de aquellos vinos? No es posible saberlo, aunque sí estoy persuadido que el prenda de Juan Zambrano Becerra no debió ser muy afecto a los ayunos estrictos de pan y agua.

Por lo tanto, una vez cumplimentado nuestro san Francisco Solano, para ilustrar la relación entre los vinos, la literatura, Montilla y el Perú, me concentraré a partir de este momento en la figura del Inca Garcilaso: sus lecturas, su obra, su vida y –por qué no– sus francachelas.

Afortunadamente contamos con el inventario de los libros que el Inca poseyó al morir en 1616[96], aunque sin duda no fueron todos los que leyó porque a lo largo de su obra citó, glosó y reescribió pasajes provenientes de otros títulos y autores que no formaron parte del inventario de aquella biblioteca. Por lo tanto, sabiendo que el Inca fue un gran lector de clásicos grecolatinos y de algunos contemporáneos notables, no sería temerario aventurar que tropezaría con jugosas referencias al vino como las que espigaré de las obras que sabemos que leyó y citó.

Por ejemplo, en las *Leyes* de Platón el Inca se encontraría con las cogorzas de Sócrates –que fueron célebres– y sobre todo con las recomendaciones platónicas acerca de beber vino

---

95. Fray Reginaldo de LIZÁRRAGA: *Descripción breve del reino del Perú, Tucumán, Río de la Plata y Chile* [1605], La Facultad (Buenos Aires, 1928), vol. I, p. 78.

96. José DURAND: «La Biblioteca del Inca» en *Nueva Revista de Filología Hispánica* #2, El Colegio de México (México, 1948), pp. 239-264.

a partir de los dieciocho y emborracharse solo después de haber cumplido los cuarenta, especialmente en las reuniones de filósofos, porque según Platón el vino descubría la verdadera naturaleza del ser e infundía en los ancianos el valor suficiente y necesario para bailar, cantar y tocar instrumentos musicales. Por otro lado, Plutarco dedicó numerosas páginas a las cumbres borrachosas de Ciro, Jerjes y Artajerjes, porque al parecer los guerreros persas le daban al frasco antes, durante y después de las batallas; Suetonio Tranquilo rescató un antiguo juego de palabras para decir que al emperador Tiberio lo llamaban en Roma «Biberio», y Quinto Curcio narró cómo Alejandro Magno se libró de todos sus enemigos en el transcurso de una violenta borrachera, aunque en la pelotera también se llevó por delante a unos cuantos amigos suyos. Finalmente, leyendo a Séneca el Inca quizá se asombró al descubrir cómo aquel cordobés estoico admitió que la embriaguez también podía relajar el alma porque el vino siempre encendía la luminosa inteligencia de Catón.

Pasando a los títulos de autores castellanos, uno de los mejor leídos y citados por el Inca fue Pedro Mexía, autor de *Silva de varia lección* (1540) e *Historia imperial y cesárea* (1545), dos obras presentes en el inventario de la biblioteca y citadas por el cronista cusqueño en sus propios libros. Pues bien, Pedro Mexía dedicó tres delirantes capítulos de la tercera parte de su *Silva de varia lección* al vino. A saber, el XVI –«Quién fue el primero que plantó viña y hizo vino. Quién comenzó a echarle agua. De las grandes virtudes que tiene. A quién y cómo los romanos lo vedaron o lo permitieron; y los filósofos y médicos»–, el XVII –«Cuántos daños causa el vino sin templança; y cómo uvo médicos que dixeron ser saludable embriagarse. Tráense hystorias de principales hombres que se dieron al vino, y quánto daño les causó»– y el XVIII –«En el qual se ponen algunos avisos y cosas que preservan la beodez, y algunas que la curan; y para que uno aborrezca el vino del todo»–, compendios los tres de espirituosas anécdotas, trompas tremebundas y alcohólicos insignes. ¿Qué se encontró nuestro discreto y recatado Inca en las páginas de Pedro Mexía? Por ejemplo, el origen romano de la expresión «dar la paz», que consistía en besar a la parienta al llegar a casa para averiguar si había bebido vino. Según el *DA* (1726-1737) «dar la paz» se convirtió en sinónimo de besar y alumbró un dicho popular que festejaba «brindar a lo flamenco, dar la paz a lo francés y hacer plato a lo español». Otra cosa que llamaría la atención del Inca fue tal vez la durísima censura de Pedro Mexía contra el Triunviro Marco Antonio, a quien le afeó cómo «el demasiado vino le hizo hazer muchos males» como las «luxurias y banquetes con Cleopatra, reyna de Egipto». Pero sin duda, los curiosos remedios sugeridos en la *Silva de varia lección* para conjurar los efectos del vino, cortar la borrachera y sobre todo dejar de beber, tuvieron que sorprender a nuestro mestizo. Como ejemplo un botón: «Para quitar el vino totalmente [a un hombre] y que lo aborrezca y no lo quiera [...] que le den a bever tres días alguna qantidad de vino mezclado con huevos de lechuzas y que tomará tanto odio con el vino, que jamás lo quiera bever»[97]. Semejante remedio habría sido inútil conmigo, pues antes le habría cogido tirria al huevo e incluso a las lechuzas, pero jamás al vino.

El médico Huarte de san Juan y su *Examen de ingenios para las ciencias* (1575) también formó parte del acervo del Inca Garcilaso y así sospecho que el cronista mestizo nunca puso en duda su autoridad científica cuando Huarte sugirió que para engendrar hijos varones uno debía comer alimentos secos y calientes acompañados de vino blanco, pero servidos

97. Pedro MEXÍA: *Silva de varia lección*, Cátedra (Madrid, 1990), vol. II, pp. 121-122.

con moderación, pues «aunque los padres coman miel y vino blanco, harán la simiente fría de estos manjares, y de ella se engendrará hembra y no varón»[98]. Por otro lado, para tener hijos inteligentes Huarte proponía que los padres comieran perdices, francolines, cabrito y pan candial, pero siempre con vino moscatel; porque «de vaca, macho, tocino, migas, pan trujillo, queso, aceitunas, vino tinto y agua salobre, se hará una simiente gruesa y de mal temperamento. El hijo que desta se engendrare tendrá tantas fuerzas como un toro, pero será furioso y de ingenio bestial»[99].

En sus *Comentarios Reales* el Inca citó más de una vez las *Repúblicas del mvndo* (1595) de Jerónimo Román y Zamora, de donde gloso un párrafo que el cronista cusqueño tuvo que leer –como decimos en el Perú– «seco y volteado»:

> [el vino] todos los humores rectifica y repara: da sangre al que le falta, alegra al melanchólico, y ayuda a gastar la melancholía; corta y destruye la flema, humedece al colérico, y ayuda a purgar la cólera. Platón introduze a Sócrates alabando el vino, diziendo: como la pluuia templada y mansa ayuda a criar y produzir las yeruas, y las tempestuosas las arranca y destruye, assí el uino templado alegra el ánimo, y esfuerça la virtud; y el mucho y destemplado lo estraga y destruye. Hasta el olor de el vino entre los otros olores es muy preciado, porque es confortatiuo y esfuerça mucho, y recrea los espíritus, y ayuda mucho para quitar y ahuyentar los uómitos. Macrobio en sus *Saturnales*, tratando la doctrina de Platón, dize que el vino templado adelgaza el ingenio de el hombre, augmenta la fuerça, y esfuerça y alegra

98. Juan HUARTE DE SAN JUAN: *Examen de ingenios para las ciencias* [1575], Cátedra (Madrid, 1989), p. 633.

99. Ibídem, p. 650.

el coraçón, y quita cualquier congoxa. Plinio dize que con el vino templado se multiplican las fuerças y la sangre y la color del rostro, fortifícanse los neruios y ayuda a la vista de los ojos, esfuérçase el estómago, despierta el appetito, prouoca la orina, atrae el sueño, quita el uómito y tristeza, y haze otras mil operaciones[100].

Sin embargo, aunque en *La Florida* el Inca se declaró «enemigo de ficciones, como son libros de cavallerías y otras semejantes»[101], en su biblioteca estaban el *Decamerón* (1353) de Boccaccio y el *Guzmán de Alfarache* (1604) de Mateo Alemán, muy bien surtidos ambos de vinos, tabernas y borrachines, aunque en ninguno de los dos podríamos encontrar una exaltación más rotunda del vino como la que Fernando de Rojas estampó en la *Celestina* (1499), otra novela galante que aquel «enemigo de ficciones» atesoraba en su celda del Hospital de la Limpia Concepción de Córdoba. Así, en el acto IX, cuando Pármeno y Sempronio estaban en los escarceos con Elisia y Areúsa, la memorable alcahueta los despidió jarro en ristre con un breve pregón dentro de este pregón:

> Después que me fui haciendo vieja, no sé mejor oficio a la mesa que escanciar. Porque quien la miel trata, siempre se le pega de ello. Pues de noche en invierno no hay tal escalentador de cama. Que con dos jarrillos de éstos que beba, cuando me quiero acostar, no siento frío en toda la noche. De esto aforro todos mis vestidos cuando viene la Navidad;

---

100. Hierónimo ROMÁN Y ZAMORA: *Repvblicas del Mvndo divididas en tres partes*. Juan Fernández impresor (Salamanca, 1595), vol. II, p. 395.

101. Inca GARCILASO DE LA VEGA: *La Florida del Inca*. Prólogo de Aurelio Miró Quesada y estudio bibliográfico de José Durand. FCE (México, 1956), p. 112.

> esto me calienta la sangre; esto me sostiene continuo en un ser; esto me hace andar siempre alegre; esto me para fresca; de esto vea yo sobrado en casa, que nunca temeré el mal año. Que un cortezón de pan ratonado me basta para tres días. Esto quita la tristeza del corazón, más que el oro ni el coral; esto da esfuerzo al mozo y al viejo fuerza, pone color al descolorido, coraje al cobarde, al flojo diligencia, conforta los cerebros, saca el frío del estómago, quita el hedor del aliento, hace potentes los fríos, hace sufrir los afanes de las labranzas; a los cansados segadores hace sudar toda agua mala, sana el romadizo y las muelas, sostiénese sin heder en la mar, lo cual no hace el agua. Más propiedades te diría de ello, que todos tenéis cabellos. Así que no sé quién no se goce de mentarlo. No tiene sino una tacha, que lo bueno vale caro y lo malo hace daño. Así que con lo que sana el hígado enferma la bolsa. Pero todavía con mi fatiga busco lo mejor para eso poco que bebo. Una sola docena de veces a cada comida. No me pasar de allí, salvo si no soy convidada como ahora[102].

Hasta aquí apenas me he limitado a repasar algunas lecturas del Inca, tan solo para hacer *hinca*pié en la presencia del vino en su biblioteca, aunque no se me escapa que ni siquiera he demostrado que Garcilaso fuera bebedor pasivo. Pero todo se andará, pues ahora quisiera destacar las apariciones del vino en la obra del cronista cusqueño, comenzando por su traducción en 1590 de los *Diálogos de Amor*, donde ya en el diálogo primero León Hebreo sentenció tajante: «el bebedor desea y

---

102. Fernando de ROJAS: *La Celestina* [1499]. Introducción de Alonso Martín. El País Clásicos Españoles (Madrid, 2004), pp. 157-158.

ama el vino antes de beberlo»[103]. Por eso dejo claro que el Inca, todavía no ha bebido.

Dos capítulos del libro noveno de sus *Comentarios Reales* (1609) los dedicó el Inca Garcilaso a la vid y el vino. Así, con respecto a las primeras uvas que llegaron al Perú leemos: «De la planta de Noé dan la honra a Francisco de Caravantes, antiguo conquistador de los primeros del Perú, natural de Toledo, hombre noble. Este caballero, viendo la tierra con algún asiento y quietud, envió a España por planta; y el que vino por ella, por llevarla más fresca, la llevó de las islas Canarias de uva prieta, y así salió casi toda la uva tinta»[104]. El jesuita Bernabé Cobo contradijo en este punto al Inca, pues precisó que «Donde primero se plantaron parras en el [Perú] fue en esta ciudad de Lima, a la cual el primero que trujo y plantó la vid fue uno de sus primeros pobladores, llamado Hernando de Montenegro; y el primer año que cogió abundancia de uvas para vender fue el de 1551»[105].

En realidad, al Inca le interesaba mucho más rendir homenaje a quien introdujo las uvas en el Cusco, el capitán Bartolomé de Terrazas, quien sembró una viña en su repartimiento de Achanquillo y obtuvo una estupenda cosecha el año de 1555. El pequeño Gómez Suárez tendría por entonces catorce años,

103. León HEBREO: *La Tradvzión del Indio de los Tres Diálogos de Amor de León Hebreo, hecha de Italiano en Español por Garcilaso Inga de la Vega*. Pedro Madrigal impresor (Madrid, 1590), p. 9v. [cito de la edición facsimilar editada por Padilla Libros en Sevilla, 1989].

104. Inca GARCILASO DE LA VEGA: *Comentarios Reales…*, óp. cit., pp. 365-366.

105. Bernabé COBO: *Historia del Nuevo Mundo* [1652]. Estudio preliminar de Francisco Mateos, S. J. Biblioteca de Avtores Españoles (Madrid, 1964), pp. 391-392.

pero el recuerdo de aquellas uvas permaneció lozano durante décadas:

> Este caballero conocí yo, fue nobilísimo de condición, magnífico, liberal, con las demás virtudes naturales de caballero [...] por mostrar el fruto de sus manos y la liberalidad de su ánimo, envió treinta indios, cargados de muy hermosas uvas a Garcilaso de la Vega, mi señor, su íntimo amigo, con orden que diese su parte a cada uno de los caballeros de aquella ciudad, para que todos gozasen del fruto de su trabajo. Fue gran regalo por ser fruta nueva de España, y la magnificencia no menor, porque si se hubieran de vender las uvas, se hicieran de ellas más de cuatro o cinco mil ducados. Yo gocé buena parte de las uvas, porque mi padre me eligió por embajador del capitán Bartolomé de Terrazas, y con sus dos pajecillos indios, llevé a cada casa principal dos fuentes de ellas[106].

Otro episodio alusivo al vino lo encontramos en la *Historia General del Perú* (1617), cuando el Inca glosó la figura de Francisco de Carvajal –el «Demonio de los Andes»–, Maestre de Campo del rebelde Gonzalo Pizarro y ejecutado por el Pacificador La Gasca tras la batalla de Jaquijahuana. No creo que Carvajal le cayera mal a nuestro cronista, pues se regodeó recopilando los dichos, donaires, anécdotas y trapacerías de Francisco de Carvajal, a quien le dedicó la siguiente viñeta: «Fue muy amigo de vino, tanto que quando no hallaua de lo de Castilla, beuía de aquel breuaje de los Yndios, más que ningún otro español que se aya visto»[107]. ¿A qué brevaje indígena se re-

106. Inca GARCILASO DE LA VEGA: *Comentarios Reales...*, óp. cit., p. 366.

107. Inca GARCILASO DE LA VEGA: *Historia General del Perú*, imprenta de la Viuda de Andrés Berrera (Córdoba, 1616), p. 205v.

fería el Inca? A la *chicha* –también llamada *sora* o *uiñapu*– que describió en los *Comentarios Reales*:

> Algunos indios, más apasionados de la embriaguez que la demás comunidad, echan la zara en remojo, y la tienen así hasta que echa sus raíces; entonces la muelen toda como está y la cuecen en la misma agua con otras cosas, y colada, la guardan hasta que se sazona; hácese un brebaje fortísimo, que embriaga repentinamente; llamánle *uiñapu*, y en otro lenguaje *sora*. Los Incas lo prohibieron por ser tan violento para la embriaguez[108].

Me gustaría seguir hablándoles de la *chicha*, mas eso sería materia de otro pregón. No obstante, quedémonos con la imagen de los incas prohibiendo el consumo del *uiñapu* para erradicar la embriaguez, porque es obvio que a Garcilaso le interesaba presentar a los indios del Perú como un pueblo sobrio, abstemio y continente, tal como dejó caer en sus *Comentarios Reales*: «el día de hoy, por la misericordia de Dios y por el buen ejemplo que los españoles en este particular les han dado, no hay indio que se emborrache, sino que lo vituperan y abominan por grande infamia, que si en todo vicio hubiera sido el ejemplo tal, hubieran sido apostólicos predicadores del Evangelio»[109].

Hombre del barroco al fin y al cabo, el Inca Garcilaso no pudo pasar por alto la importancia del vino en la tradición cristiana y sobre todo para la liturgia, lo que explica la tragedia que supuso para su mentalidad y su imaginario religioso que los españoles se quedaran sin vino tras la batalla de Mauvila durante la conquista de la Florida, donde perdieron tres fanegas de

108. Inca GARCILASO DE LA VEGA: *Comentarios Reales*..., óp. cit., p. 306.
109. Ibídem, p. 222.

trigo y cuatro arrobas de vino, «todo lo cual se quemó con los cálices, aras y ornamentos que para el culto divino llevaban, y, de allí en adelante quedaron imposibilitados de poder oír misa, por no tener materia de pan y vino para la consagración de la eucaristía»[110]. Según el cronista cusqueño los frailes de la expedición tuvieron ardorosas discusiones teológicas sobre si debían consagrar o no pan de maíz, aunque finalmente acordaron cumplir lo establecido por la Santa Madre Iglesia en cánones y concilios. A saber, «que el pan sea de trigo y el vino de vid»[111]. Por lo tanto, aquellos conquistadores se pasaron tres años sin recibir los sacramentos y el Inca Garcilaso acuñó una expresión terrible para definir semejante tragedia: la «misa seca»[112]. No llegó a ser «negra», pero casi. Así, para aquellos soldados olvidados de Dios, el apocalíptico desenlace de la jornada de la Florida se precipitó por la ausencia de vino.

Acaso por esa obsesión eucarística el Inca puso un cuidado especial en honrar a doña María de Escobar –sembradora del trigo en el Perú– y al introductor de la vid Francisco de Caravantes, a quienes celebró como bienhechores de la misa y la Eucaristía en los Andes. Sin embargo, aunque solo hubiera tenido en mente los sacramentos cristianos, al Inca lo traicionó su inconsciente renacentista constelado de clásicos, ya que sobre María de Escobar apuntó que «Por otro tanto adoraron los gentiles a Ceres por diosa»[113], y sobre Francisco de Caravantes remachó «Por otro tanto como este caballero hizo en el Perú, adoraron los gentiles por dios al famoso Baco»[114]. ¿Cómo he-

110. Inca GARCILASO DE LA VEGA: *La Florida*..., óp. cit., p. 268.

111. Ibídem.

112. Ibídem, p. 269.

113. Inca GARCILASO DE LA VEGA: *Comentarios Reales*..., óp. cit., p. 365.

114. Ibídem, p. 366.

mos pasado del tropo «Garcilaso, pan y vino» al trapo «pagano y grecolatino»? El autor de los *Comentarios Reales* le encendió una vela a Dios pero le sirvió su copita al diablo, lo que me hace sospechar que el Inca no solo *hinca*ba el codo, sino que de vez en cuando lo empinaba.

En ninguno de sus libros admitió el Inca que le gustara el vino. Ni siquiera reconoció –parafraseando las memorias de Neruda– «confieso que he bebido». De hecho, mientras vivió en el Perú es posible que no hubiera tenido ocasión de probarlo. Primero, porque era muy pequeño y, segundo, porque entonces el vino era escaso y carísimo. De ahí que en sus *Comentarios Reales* precisara:

> Hasta el año de mil quinientos y sesenta, que yo salí del Cozco, y años después, no se usaba dar vino a la mesa de los vecinos (que son los que tienen indios) a los huéspedes ordinarios (si no fuera a alguno que lo había menester para su salud) porque el beberlo entonces más parecía vicio que necesidad[115].

Para ilustrar aquella situación de escasez Garcilaso detalló lo que pasó durante un almuerzo de vecinos españoles en el Cusco, cuando uno de los invitados pidió agua:

> ... el señor de la casa mandó le diesen vino, y como el otro le dijese que no lo bebía, le dijo: «Pues si no bebéis vino, veníos acá a comer y a cenar cada día». Dijo esto porque de toda la demás costa, sacado el vino, no se hacía cuenta; y aun la del vino no se miraba tanto por la costa como por la total falta que muchas veces había de él, por llevarse de tan lejos

115. Ibídem, p. 367.

> como España y pasar dos mares tan grandes; por lo cual en aquellos principios se estimó en tanto como se ha dicho[116].

Debo decir que en menos de cien años la producción de vino en el Perú creció exponencialmente, porque hacia 1653 Bernabé Cobo destacó en su *Historia del Nuevo Mundo* cómo en el virreinato peruano había «grandes pagos de viñas, y algunas tan cuantiosas que dan de quince a veinte mil arrobas de *mosto*; y de solo el vino que se coge en el corregimiento de Ica, que es de la diócesis desta ciudad de Lima, salen cada año cargados dello más de cien navíos para otras provincias»[117]. El jesuita Cobo se refirió a las primeras uvas negras que fueron llevadas al Perú desde Canarias, para enumerar de inmediato las mollares, albillas, moscateles «y otras dos o tres diferencias dellas», precisamente para contrastar semejante abundancia con los años de carestía descritos por Garcilaso:

> Finalmente, goza hoy esta tierra con abundancia de todas las utilidades que resultan desta planta; a saber, de regalado fruto; de las pasas que se hacen muy buenas de la uva mollar; de arrope, aguardiente, vinagre y sobre todo de gran copia de vino; el cual, antes que acá se diera, se traía de España en botijas, y valía tan caro, que más rehusaba uno convidar huéspedes a su mesa por no dalles de beber, que por la costa que podía hacer en darles de comer[118].

No obstante, a pesar de la documentada ausencia de vino en el Perú del siglo XVI, el Inca Garcilaso estaba obsesionado con

116. Ibídem, pp. 367-368.

117. Bernabé COBO: *Historia del Nuevo Mundo*..., óp. cit., p. 392.

118. Ibídem, p. 393.

presentar a los pobladores de los Andes en general y a los del Cusco en particular, como alérgicos al trago y a la embriaguez en sí misma, incluso desde los tiempos previos a la evangelización, lo que quiere decir que quiso que sus lectores creyeran que los indios del Cusco fueron éticamente superiores a los griegos y los romanos. Ojo a la cita:

> En la cual idolatría y en la que antes de ellos hubo, son mucho de estimar aquellos indios, así los de la segunda edad como los de la primera, que en tanta diversidad y tanta burlería de dioses como tuvieron no adoraron los deleites ni los vicios, como los de la antigua gentilidad del mundo viejo, que adoraban a los que ellos confesaban por adúlteros, homicidas, borrachos, y sobre todo al Príapo[119].

Hoy sabemos que aquella obstinación moral provenía del neoplatonismo del Inca, corriente filosófica que instó a numerosos humanistas a reescribir los mitos clásicos desde una perspectiva cristiana, como fue el caso de León Hebreo y sus *Diálogos de Amor*, traducidos precisamente aquí en Montilla por el cronista mestizo. Sin embargo, hoy también sabemos que los indios del Perú no solo encontraron el vino estupendo, sino que fueron capaces de elaborar pisco, un aguardiente maravilloso que nos disloca a los peruanos, aunque el pisco también sería materia de otro pregón. Ahora lo que nos interesa es advertir que los pobladores de los Andes no fueron indiferentes al vino y a las risueñas consecuencias de su consumo.

Así, el indio cronista Felipe Guamán Poma de Ayala elogió los vinos de Lima, Cañete, Pisco y Camaná en su *Nueva Corónica y Buen Gobierno* (1615), pero cuando se refirió a los vinos

119. Inca GARCILASO DE LA VEGA: *Comentarios Reales*..., óp. cit., p. 49.

de Nazca estampó «tiene lo mejor del vino de todo el reino. Comparado con el vino de Castilla. Vino dorado, clarísimo, suave, oloroso y de las uvas como mollares. Y las dichas mollares blanquísimas, [del] tamaño como ciruelas»[120]. También ponderó Guamán Poma la abundancia del vino en Ica –«como agua, lo mejor del reino»–, aunque definió a sus pobladores como «grandes borrachos» que «se mueren de beber mosto»[121].

En realidad, la embriaguez en los Andes habría que situarla dentro de un contexto cultural que en los últimos años ha sido analizado por especialistas como Luis Millones[122], Ana María Soldi[123], Thierry Saignes[124] y Leo Garofalo[125]; pero los misioneros que llegaron a los Andes en el siglo XVI asociaron las borracheras indígenas al demonio, la idolatría o la degeneración. Al respecto dijo lo siguiente el padre Cobo:

> Han entrado los naturales de todas estas Indias en el uso de nuestro vino con tanta afición, que, por muchas viñas que se planten, no llegará tiempo, mientras hubiere indios, en que se derrame el vino del año pasado [...]. Paréceles que

---

120. Felipe GUAMÁN POMA DE AYALA: *Nueva Corónica y Buen Gobierno*. Estudio preliminar de Franklin Pease G. Y., FCE (Lima, 2008), vol. II, p. 849.

121. Ibídem, pp. 844 y 849.

122. Luis MILLONES: «Un movimiento nativista del siglo XVI: el Taki Onqoy», en *Revista Peruana de Cultura* # 3 (Lima, 1964), pp. 134-140.

123. Ana María SOLDI: « La vid y el vino en la costa central del Perú, siglos XVI y XVII», en *Universum* vol. 21 # 2, Universidad de Talca (Talca, 2006), pp. 42-61.

124. Thierry SAIGNES [compilador]: *Borrachera y memoria: La experiencia de lo sagrado en los Andes*, Instituto Francés de Estudios Andinos (Lima, 1993).

125. Leo J. GAROFALO: «Bebidas Incas en copas coloniales. Los curacas del mercado de chicha del Cuzco, 1640-1700», en *Élites indígenas en los Andes. Nobles, caciques y cabildantes bajo el yugo colonial* [David Cahill y Blanca Tovías, Editores], Ediciones Abya-Yala (Quito, 2003), pp. 175-211.

> la nobleza del licor los excusa de la infamia que acarrea la embriaguez; si bien nunca entre ellos se tuvo por afrenta e infamia el emborracharse; y así, los indios ladinos y de caudal, que son los que más usan del vino, si cuando se embriagan se lo reprendemos, suelen alegar por excusa no ser su embriaguez de *chicha*, sino de vino[126].

Curiosamente, la única borrachera que el Inca Garcilaso describió fue la tremenda tajada que se metieron los soldados de Gonzalo Pizarro para celebrar la victoria de la batalla de Huarina. El episodio aparece en la *Historia General del Perú*:

> Francisco de Caruajal, voluiendo vitorioso de los alcances que dio al capitán Diego Centeno, en regozijo de su vitoria hizo vn banquete en el Cozco a sus más principales soldados; y como entonces valía el vino a más de trezientos pesos el arroba, los combidados se desmandaron, y, como en gente no acostumbrada a beuerlo, huuo algo de sus efectos, de manera que algunos quedaron dormidos en sus asientos y otros fuera dellos[127].

¿No es curioso que un mestizo cusqueño sesentón avecindado en Andalucía, se refiera a los españoles compañeros de armas de su padre como «gente no acostumbrada» a beber vino? Mi sensación es que alguien solo puede expresarse así precisamente desde la costumbre. En *Memoria del bien perdido* (1991) el psicoanalista Max Hernández analizó las carencias, conflictos y sublimaciones del Inca, quien había perdido el mundo andino, sí; pero estaba en posesión del mundo cas-

---

126. Bernabé COBO: *Historia del Nuevo Mundo*..., óp. cit., p. 393.

127. Inca GARCILASO DE LA VEGA: *Historia General*..., óp. cit., p. 207.

tellano[128]. Garcilaso de la Vega escribió sobre el bien perdido rodeado de los bienhallados. Pretendo demostrar que el vino formaba parte de los segundos.

Para un seglar como lo fue el Inca durante sus años montillanos, era imposible prescindir del vino porque en la España de los siglos XVI y XVII las medicinas se elaboraban con vino, se desayunaba pan desmigado en vino y los mejores platos se guisaban con vino[129], como leemos en el *Guzmán de Alfarache* (1599): «Jamás dejó mi señor de tener gallina, pollo, capón o palomino a comida y cena, y pernil de tocino entero, cocido en vino, cada domingo»[130]. Quizá por eso el Inca quiso destacar cómo en el Cusco de su infancia «no se usaba dar vino a la mesa de los vecinos»[131].

Por otro lado, en la *Historia General del Perú*, al describir a los terribles mosquitos del Nuevo Mundo, el Inca nos regaló otro sorbito: «los mosquitos diurnos son pequeños, ni más ni menos que los que acá se crían en las bodegas de vino»[132]. ¿Qué hacía el Inca en las bodegas montillanas? No creo que fuera para matar mosquitos.

Prueba de que el Inca fue amante de la vid y sus derivados, es el siguiente episodio que espigo de sus *Comentarios Reales*: en 1560 el joven Gómez Suárez se dirigía hacia Lima y pasó por la viña de Pedro López de Cazalla, donde Alfonso Váez, capataz portugués de la finca «me paseó por toda la heredad, que estaba cargada de muy hermosas uvas, sin darme un gajo

---

128. Max HERNÁNDEZ: *Memoria del bien perdido…*, óp. cit., pp. 113-139.

129. Xavier DOMINGO: *La mesa del Buscón*, Tusquets (Barcelona, 1981), p. 14.

130. Mateo ALEMÁN: *Guzmán de Alfarache* [1599]. Edición, estudio y notas de Luis Gómez Canseco. Real Academia Española (Madrid, 2012), p. 245.

131. Inca GARCILASO DE LA VEGA: *Comentarios Reales…*, óp. cit., p. 367.

132. Inca GARCILASO DE LA VEGA: *Historia General…*, óp. cit., p. 49.

de ellas; que fuera gran regalo para un huésped caminante y tan amigo como yo lo era suyo y *de ellas*»[133]. No hace falta recurrir a la teoría literaria para demostrar que el «amigo de las uvas» no era el asustado jovencito que había salido del Cusco, sino el maduro narrador que escribía desde Montilla, tierra de viñas, uvas y vinos generosos.

Por cierto, Garcilaso recordó que Alfonso Váez no le quiso convidar a uvas porque «su señor le había mandado que no tocase ni un grano de las uvas porque quería hacer vino de ellas, aunque fuese pisándolas en una artesa [...] porque no había lagar ni los demás adherentes»[134]. Gracias a esta maravillosa cita descubrimos que el Inca sabía lo que era un lagar y sobre todo los «adherentes» que hacían falta para elaborar vino, que según el *DA* consistían en un «canillero para que salga el mosto, el qual se recibe en una tina u otra vasija, para conducirlo a las cubas o tinajas».

Precisamente, por el testamento que el Inca otorgó en Córdoba el 18 de abril de 1616 descubrimos que entre sus pertenencias estaban esos mismos «adherentes», pues dejó lebrillos, redomas, ollas de cobre, algunas varas de lienzo, cuatro tinajas, canillas y sobre todo candiotas[135], que según el *TLC* (1611) de Covarrubias «de candiota se dijo escanciar, por beber muchas veces, probando de una y otra cuba, candiota o tinaja, cuasi escandiar»[136], y según el *DA* «se llama assí una vasija grande de barro, hecha al modo de un cubo, de una vara de alto poco

---

133. Inca GARCILASO DE LA VEGA: *Comentarios Reales...*, óp. cit., p. 366.

134. Ibídem.

135. Aurelio MIRÓ QUESADA: *El Inca Garcilaso y otros estudios garcilasistas*, Ediciones Cultura Hispánica (Madrid, 1971), p. 316.

136. Sebastián de COVARRUBIAS: *Tesoro de la Lengua Castellana...*, óp. cit., p. 253.

más, y media de ancho, la qual está empegada por adentro, y tiene una espita por abaxo, y se pone como tinaja sobre un pie, para ir sacando el vino que tiene dentro, el qual se conserva muy bien en ella». Como se puede apreciar, el Inca tenía todos los avíos para elaborar mosto de buena calidad e incluso vino «precioso», ya que las candiotas eran las vasijas recomendadas para atesorarlo.

El vino «precioso» era el vino más exquisito de los siglos XVI y XVII y una de las características de su nobleza era que criaba mosquitos, como escribió Quevedo en el soneto «Bebe vino precioso con mosquitos dentro»:

Tudescos Moscos de los sorbos finos,
caspa de las azumbres más sabrosas,
que porque el fuego tiene mariposas,
queréis que el mosto tenga marivinos.
Aves luquetes, átomos mezquinos,
motas borrachas, pájaras vinosas,
pelusas de los vinos envidiosas,
abejas de la miel de los tocinos,
liendres de la vendimia, yo os admito
en mi gaznate pues tenéis por soga
al nieto de la vid, licor bendito.
Tomá en el trazo hacia mi nuez la boga,
que bebiéndoos a todos, me desquito
del vino que bebistes y os ahoga.

¿Era muy complicado hacer vino «precioso» en casa? De ninguna manera, pues los procesos no eran tan complicados e incluso en el Perú comenzó a elaborarse vino «precioso» a comienzos del siglo XVII, tal como apuntó el jesuita Bernabé Cobo: «En los valles de Nasca han dado de pocos años acá en pisar la uva metida en costales o sacas de melinge, y sale el vino mucho más puro, claro y blanco»[137]. El Inca conservó hasta su muerte algunos criados y una esclava a la que liberó, y no habría sido extraño que fueran ellos quienes hubieran pisado uvas para él, porque su última voluntad fue legarles «todo el trigo y harina y tocino y bino que yo dejare en mi casa»[138]. Miren por dónde, la bodega del Inca apareció como su biblioteca, en el inventario póstumo de sus bienes.

¿Y qué tipo de bebedor habría sido el Inca? De un «amigo de las uvas», escanciador de «vino precioso» y víctima de los mosquitos de los caldos más finos quizá podamos esperar todavía algo más. Así, cuando Garcilaso narró en los *Comentarios Reales* la llegada de las primeras uvas prietas de las islas Canarias apuntó: «y así salió casi toda la uva tinta y el vino es todo aloque, no del todo tinto, y aunque han llevado ya otras muchas plantas, hasta la moscatel, mas con todo eso aun no hay vino blanco»[139]. En una misma oración el Inca habló del tinto, del blanco, del moscatel y del aloque –es decir, del «clarete»–, un vino con el que el cronista parecía tener cierta familiaridad, pues refiriéndose al vino que se hacía en Huamanga y Arequipa se le escapó que «todo era aloquillo»[140], con ese mismo aire cariñoso con el que hoy hablaríamos de tomarnos un «finito», una «cervecita» o un «pisquito».

En realidad, en materia de copas y lenguaje popular, por la boca no solo muere el pez sino especialmente el escritor, porque en los *Comentarios Reales*, en el capítulo dedicado a los micos americanos, el Inca contó la curiosa anécdota del mono de Cartagena, cuyo amo lo mandaba a la taberna a comprar vino:

137. Bernabé COBO: *Historia del Nuevo Mundo*..., óp. cit., p. 392.

138. Aurelio MIRÓ QUESADA: *El Inca Garcilaso*..., óp. cit., p. 316.

139. Inca GARCILASO DE LA VEGA: *Comentarios Reales*..., óp. cit., p. 366.

140. Ibídem, p. 367.

> Un [mono] vi en Cartagena en casa del gobernador, que las cosas que de él me referían apenas parecían creíbles; como enviarle a la taberna por vino, y poniendo en una mano el dinero y en la otra el pichel, no haber orden de sacarle el dinero hasta que le daban el pichel con vino. Si los muchachos en el camino le daban grita o le tiraban, poner el pichel a un lado y apañar piedras y tirarlas a los muchachos hasta que dejaba el camino seguro, y así volvía a llevar su pichel. Y lo que es más, con ser muy bebedor de vino (como yo se lo vi beber, echándoselo su amo de alto) sin dárselo o darle licencia, no había de tocar el jarro[141].

Por el contexto de la frase todos hemos entendido qué cosa era un pichel, pero que conste que Garcilaso escribió una vez «jarro» y cinco veces «pichel», pudiendo haber usado vaso, taza, pocillo, cazo e incluso la voz quechua *kero*. ¿Y qué era un «pichel» a fines del siglo XVI y comienzos del XVII? En el *TLC* de Covarrubias leemos «Vaso para vino de estaño [que] viene de Inglaterra. Díjose así [...] por ser nombre inglés»[142], y en el *DA* encontramos «Vaso alto y redondo, algo más ancho del suelo que de la boca, con su tapa engoznada en el remate del asta. La materia regular que se hacen es de estaño y assí vienen mucho de Inglaterra, y sirven especialmente para ministrar el vino». ¿O sea que un pichel era una virguería importada de Inglaterra por bebedores sibaritas que se ponían a presumir exhibiendo la última pijotería del bebercio? Estoy absolutamente persuadido de que ese mono lo que tenía era un cuenco y que el pichel –más bien– lo tenía el Inca en su casa, sobre todo porque en

141. Ibídem, pp. 318-319.

142. Sebastián de COVARRUBIAS: *Tesoro de la Lengua Castellana*..., óp. cit., p. 821.

1560 no había demasiadas exportaciones inglesas a Cartagena de Indias.

Pero el párrafo del mono todavía da más de sí, porque el Inca empleó ahí una expresión coloquial del Siglo de Oro –«tocar el jarro»– que no era otra cosa que beber, fórmula mucho más elegante que «besar el jarro», que aparte de ser blasfema encima era voz de germanía[143]. Por lo tanto, aunque ese cusqueño mío no haya dedicado una sola línea a pregonar lo estupendísimo que estaba el vino, imaginármelo rodeado de sus tinajas de blanco, tinto, clarete y moscatel, con un pichel *All British* en lo alto y escanciando «vino precioso» desde sus candiotas, me basta para asegurar que el Inca era un pedazo de mojón.

En el capítulo XIII de la segunda parte del *Quijote*, Cervantes relató la aventura del Caballero del Bosque, quien felicitó a Sancho con un sonoro «¡Bravo mojón!» por haber acertado el origen manchego de un vino, a lo que Sancho replicó:

> ¿No será bueno, señor escudero, que tenga yo un instinto tan grande y tan natural en esto de conocer vinos, que, en dándome a oler cualquiera, acierto la patria, el linaje, el sabor y la dura y las vueltas que ha de dar, con todas las circunstancias al vino atañaderas? Pero no hay de qué maravillarse, si tuve en mi linaje por parte de mi padre los dos más excelentes mojones que en luengos años conoció La Mancha[144].

143. Francisco RICO: *Los discursos del gusto. Notas sobre clásicos y contemporáneos*, Destino (Barcelona, 2003), p. 151.

144. Miguel de CERVANTES: *Don Quijote…*, vol. I, óp. cit., p. 799.

Como se puede apreciar, ser un mojón no era ningún desdoro, porque el mojón era un catador, un *sumiller* y alguien que vivía de un don exquisito. El Marqués de Cañete fue el primer virrey que ordenó embotellar vino «a vista de mojón» en la Lima del siglo XVI[145], y así en el tomo XIV de los *Libros de Cabildos* de Lima se recogieron las primeras ordenanzas del oficio de Mojón promulgadas por el virrey Luis de Velasco en 1605[146]. En cualquier caso, Miguel de Cervantes tuvo menos reparos que el Inca Garcilaso a la hora de exhibir sus conocimientos acerca del vino, como quedó demostrado en este pasaje de *El Licenciado Vidriera*, que muy bien podría ser la más completa carta de vinos italianos y españoles de fines del siglo XVI:

> Allí conocieron la suavidad del Treviano, el valor del Montefrascón, la fuerza del Asperino, la generosidad de los dos griegos Candía y Soma, la grandeza del de las Cinco Viñas, la dulzura y apacibilidad de la señora Guarnacha, la rusticidad de la Chéntola, sin que entre todos estos señores osase parecer la bajeza del Romanesco. Y habiendo hecho el huésped la reseña de tantos y tan diferentes vinos, se ofreció de hacer parecer allí, sin usar de tropelía, ni como pintados en mapa, sino real y verdaderamente, a Madrigal, Coca, Alaejos, y a la Imperial más que Real Ciudad, recámara del dios de la risa; ofreció a Esquivas, a Alanís, a Cazalla, Guadalcanal y la Membrilla, sin que se le olvidase

---

145. Ana María SOLDI: «La vid y el vino»..., óp. cit., p. 58.

146. Juan BROMLEY: *Libros de Cabildos de Lima. Libro décimo cuarto (Años 1602-1605)*, Imprenta Torres Aguirre (Lima, 1946), vol. XIV, pp. 773-774. Ver también Emilio ROMERO: *Historia económica del Perú* [1949], Universidad Alas Peruanas y Fondo Editorial de la Universidad Nacional Mayor de San Marcos (Lima, 2006), pp. 107-108 y Lorenzo HUERTAS VALLEJOS: *Cronología de la producción del vino y del pisco. Perú 1548-2010*, Universidad Ricardo Palma (Lima, 2012), pp. 112-113.

de Ribadavia y de Descargamaría. Finalmente, más vinos nombró el huésped, y más les dio, que pudo tener en sus bodegas el mismo Baco[147].

Si el Inca Garcilaso se hubiera encontrado en 1591 con Cervantes en Montilla, no es seguro que hubieran hablado del Perú. Quizá habrían descubierto que tenían lecturas italianas comunes. Mas de lo que sí estoy seguro es que le habrían dado al frasco mientras jugaban a las cartas, porque Cervantes y el Inca no solo eran mojones sino además timberos[148]. No obstante, sí nos consta que Garcilaso de la Vega se encontró con Góngora en más de una ocasión, porque ambos fueron parientes políticos y en el archivo de protocolos de Montilla existen

147. Miguel de CERVANTES: «Novelas Ejemplares», *Obras Completas*, Aguilar (Madrid, 1992), vol. II, p. 130.

148. En *Rinconete y Cortadillo*, Cervantes hizo alarde de sus conocimientos del vocabulario y las suertes del naipe, cuando uno de los pícaros le habló así a Monipodio: «Yo –respondió Rinconete– sé un poquito de *floreo de Vilhán*: entiéndase el *retén*; tengo buena vista para el *humillo*; juego bien de la *sola*, de las *cuatro* y de las *ocho*; no se me va por pies el *raspadillo*, *verrugueta* y el *colmillo*; éntrome por *la boca de lobo* como por mi casa, y atreveríame a hacer un *tercio de chanza* mejor que un tercio de Nápoles, y a dar *astillazo* al más pintado mejor que dos reales prestados» (Miguel de CERVANTES: *Novelas ejemplares...*, vol. II, óp. cit., p. 89). Remito a los interesados a Jean-Pierre ETIENVRE: «*Paciencia y barajar:* Cervantes, los naipes y la burla», en *Anales de Literatura Española* IV, Universidad de Alicante (Alicante, 1985), pp. 131-156. En cuanto al Inca Garcilaso, tampoco dejó por escrito que fuera jugador de cartas, aunque refiriéndose a los incas dijo que el *Chunca Camayu* «por otra significación quiere decir perpetuo tahúr, el que trae los naipes en la capilla de la capa, como dice el refrán» (Inca GARCILASO DE LA VEGA: *Comentarios Reales...*, óp. cit., p. 62) y hablando de Francisco Pizarro también demostró conocer los lances de la baraja, pues sin querer queriendo estampó: «Y cuando jugaua a los naypes, que las más vezes era a la *primera*, *envidaua* el *resto* con las peores cartas que podía, y si por dicha hazía *flux* o *primera*, baraxaua sus cartas sin mostrarlas, fingiéndose mohyno de auer perdido» (Inca GARCILASO DE LA VEGA: *Historia General...*, óp. cit., p. 91v.). Consigno en cursivas los nombres de los lances del juego.

escrituras que confirman que también a fines de 1591 Góngora y el Inca liquidaron un asunto testamentario. ¿Se tomarían un vinito de cortesía? Hacia 1591 Garcilaso ya había rebasado el medio siglo y Góngora era un mozallón de treinta que hacía chacota de ciertos poetas con letrillas como la siguiente:

Hoy hacen amistad nueva,
más por Baco que por Febo,
don Francisco de Quebebo
y Don Félix Lope de Beba.

Al Inca no le pega ni haber intrigado en las cantinas ni haber practicado el «raje», esparcimiento típicamente peruano donde los que no juegan son los que terminan despellejados. No, el Inca debió ser un bebedor social, un mecenas del trago y un filántropo de la cuchipanda. Un «mojón guay» –en suma– para decirlo con las mismas palabras del siglo XVII, y paso a explicar por qué.

En primer lugar, porque a Garcilaso de la Vega le constaba, desde su infancia cusqueña, que los Incas demostraban su poderío y señorío siendo espléndidos con la licorería, como muy bien señaló en los *Comentarios Reales*: «La bebida que se gastaba en casa del Inca era tanta, que casi no había cuenta ni medida, porque [...] el principal favor que se hacía era dar de beber a todos»[149]. Por lo tanto, demostrar su condición de Inca en Montilla no tuvo que ser muy complicado.

En segundo lugar, porque don Raúl Porras Barrenechea descubrió en los libros de bautismos de la Iglesia de Santiago de Montilla que Garcilaso de la Vega apadrinó a más de

149. Inca GARCILASO DE LA VEGA: *Comentarios Reales...*, óp. cit., p. 197.

cien niños[150], lo que suponía sufragar el banquete y sobre todo la chupandanga de toda la parentesca del recién nacido. ¿Y cómo eran las celebraciones de los bautizos por aquellos años? En *El Príncipe Despeñado* (1617), Lope de Vega las describió así: «¡Escándalo notable! Grandes voces de relinchos: todos los villanos que puedan, con el bautismo del niño, sus fuentes, aguamanil y rosca. El alcalde por padrino y doña Blanca, muy bizarra, por madrina»[151]; pero es en el *Guzmán de Alfarache* donde podemos apreciar mejor cómo los bautizos degeneraban en saturnales, porque los padres del pícaro Guzmán se conocieron durante un bautizo y así aquel sacramento propició el adulterio que alumbró a la criatura de Mateo Alemán[152]. Podría citar episodios semejantes de *La Pícara Justina* (1605) o *La Vida del Buscón* (1626), pero creo que no hace falta citar más ejemplos para demostrar que siempre se ha bebido en las celebraciones de las bodas y los bautizos. Más bien, mi idea es devolverle al Inca la celebridad que sin duda lo nimbó durante sus años de residencia en Montilla, porque financiar más de cien bautizos con sus respectivos banquetes y calculando a la baja tan solo una arroba de vino por celebración, significaría que el Inca Garcilaso invitó como mínimo más de una tonelada de vino a sus vecinos montillanos, quienes precisamente por eso debieron encontrarlo guay.

Y aquí vamos terminando. ¿Qué era guay en los siglos XVI y XVII? En el primer acto de *La Celestina* Elicia le dice a Sempromio: «¡Guay de la triste que en ti tiene su esperanza y el

---

150. Raúl PORRAS BARRENECHEA: *El Inca Garcilaso de la Vega en Montilla...*, óp. cit., pp. 42-43, 46 y 54.

151. Lope Félix de VEGA: *Obras de Lope de Vega*, Real Academia Española (Madrid, 1898), vol. VIII, p. 135.

152. Mateo ALEMÁN: *Guzmán de Alfarache...*, óp. cit., pp. 48-49.

fin de todo su bien!»[153], donde se aprecia que estamos ante una suerte de lamento. Covarrubias en su *TLC* afirmó rotundo que era «voz italiana» y además definió «guaya» como «Es lo mesmo que guay, y el uno y el otro nombre tiene origen del ay»[154]. El *DA* todavía fue más lacónico –«Véase Ay»–, aunque sobre «guaya» agregó «El lloro y lamento triste y doloroso que hace alguno, lamentándose y condoliéndose de alguna adversidad». Pues bien, ambas acepciones las utilizó el Inca Garcilaso, ya que en la *Historia General* puso en boca de doña Catalina Leyton la expresión «¡Guay del Perú!»[155], y en los *Comentarios Reales* escribió que los indios entraban «llorando y guayando en sus templos»[156]. ¿Cómo se convirtió lo infra-guay en lo supra-guay? Tal vez siguiendo el caprichoso itinerario de la construcción del habla popular en nuestra lengua, que juega con la ambigüedad para suplantar lo malo por lo bueno y viceversa. Por ejemplo, la voz «civil» según el *DA* «en su recto significado vale sociable, urbano, cortés, político y de prendas propias de ciudadano; pero en este sentido no tiene uso y solamente se dice del que es desestimable, mezquino, ruin y de baxa condición». Sin ir muy lejos, Sancho Panza en el *Quijote* le habló así al Caballero del Bosque: «confieso que conozco que no es deshonra llamar "hijo de puta" a nadie cuando cae debajo del entendimiento de alabarle»[157]. Por eso no es igual ser un monstruo *con* las señoras que ser un monstruo *para* las señoras. Las señoras son las mismas, pero los monstruos son

153. Fernando de ROJAS: *La Celestina...*, óp. cit., p. 48.

154. Sebastián de COVARRUBIAS: *Tesoro de la Lengua Castellana...*, óp. cit., p. 612.

155. Inca GARCILASO DE LA VEGA: *Historia General...*, óp. cit., p. 207.

156. Inca GARCILASO DE LA VEGA: *Comentarios Reales...*, óp. cit., p. 48.

157. Miguel de CERVANTES: *Don Quijote...*, óp. cit., pp. 798-799.

dos monstruos distintos. ¿El Inca fue guay por mojón o más bien al revés? Al principio de sus *Comentarios Reales* Garcilaso evocó así las tertulias con sus parientes reales:

> Estas y otras semejantes pláticas tenían los Incas y Pallas en sus visitas, y con la memoria del bien perdido siempre acababan su conversación en lágrimas y llanto, diciendo: «trocósenos el reinar en vasallaje», etcétera. En estas pláticas yo, como muchacho, entraba y salía muchas veces donde ellos estaban, y me holgaba de las oír, como huelgan los tales de oír fábulas[158].

Guay del Inca cuando en la alta noche haría memoria de los remotos años de su infancia cusqueña, y así como yo mismo me sirvo un pisquito para recordar mejor, acaso el mestizo cusqueño también combatiría su nostalgia alicatándose con los vinos «preciosos» de nuestra feraz campiña cordobesa; vinos espléndidos que pasaron de puntillas por las novelas de Cervantes, los poemas de Góngora y las crónicas del Inca Garcilaso, pero que en 1624 fueron los vinos elegidos por el duque de Medina Sidonia para agasajar al rey Felipe IV en un banquete memorable celebrado en el bosque de Doñana y en cuyo inventario encontramos:

> Ochenta botas de vino añejo. Gran cantidad de vino de Lucena y bastardo. Diez botas de vinagre. Dozientos jamones de Rute, Aracena y Vizcaya. Cien tocinos. Quatrocientas arrobas de aceyte. Mil de agua del caño dorado de Sanlúcar. Trezientas arrobas de ubas, orejones, dátiles y otras frutas. Seyscientas arrobas de salmón, atún de ijada y pescado. Gran suma de arencones. Cinquenta arrobas de

158. Inca GARCILASO DE LA VEGA: *Comentarios Reales*…, óp. cit., p. 26.

> manteca de Flandes. Quinientas palmas de manteca de vaca fresca y ochoçientas orças de la de puerco. Muchas orças de leche de vacas. Trezientos quesos de Flandes. Quatrocientos melones. Mil barriles y botijas de azeytunas. Cien arrobas de açúcar, [y] otras ciento en pilones. Cinquenta arrobas de miel. Dozientas arrobas de caxas de conserua, cubiertos y almíbares. Ocho mil naranjas dulces y agrias. Tres mil limones agrios y dulces. [Y] Mucha especería de todo género[159].

Uno de los comensales de aquel pantagruélico festín fue el poeta Francisco de Quevedo, quien resumió el sarao así, en una famosa carta a su amigo el Marqués de la Velada: «el sueño se midió por azumbres y hubo montería de jarros, donde los gaznates corrieron zorras; hubo pendencias y descuidos de ropas»[160]. Como Cervantes, Quevedo también fue un mojón supra-guay.

El primero de marzo de 1579 un caballo castaño de Garcilaso de la Vega fue elegido para cubrir a las yeguas de la dehesa montillana[161]. Aquel día el Inca tuvo que sentirse pletórico: tenía cuarenta años, una vida muelle, un haras prometedor y una amiga misteriosa, doña María de Angulo, quien lo acompañó un centenar de veces hasta la pila bautismal de la iglesia de Santiago. No tengo la menor duda de que aquella noche el Inca regó con los mejores vinos de Montilla el buen suceso de su cabaña y se sintió guay de mojón, guay de *hatuchay* –por decirlo en quechua– y guay de Montilla, como yo mismo me hallo esta noche pronunciando el pregón que proclama el rom-

159. Pedro de ESPINOSA: *Bosque de Doñana. Demostraciones que hizo el Duque VIII de Medina Sidonia a la presencia de S. M. el Rey Felipe IV. Año de 1624*. Estudio preliminar de Manuel Bernal Rodríguez. Padilla Libros (Sevilla, 1993), p. 9.

160. Ibídem, p. 34.

161. Raúl PORRAS BARRENECHEA: *El Inca Garcilaso de la Vega en Montilla*..., óp. cit., pp. 49-50.

per de la vendimia. Vendimia que tampoco tenía secretos para nuestro cronista, porque Garcilaso en *La Florida* señaló que los indios apalaches fabricaban unos canastos recios «a manera de cestos de vendimiar»[162].

Los melancólicos huesos húmeros del Inca fueron sepultados en la Capilla de las Ánimas del Purgatorio de la Catedral de Córdoba, mas como su vida siguió ardiendo coruscante entre las páginas de sus libros, Raúl Porras Barrenechea descubrió su casa, José Durand reconstruyó su biblioteca y Aurelio Miró Quesada celebró sus caballos. Esta noche hemos rescuperado su bodeguiya de tintos, claretes, blancos y moscateles de la tierra, y por eso se me antoja de justicia que ustedes –los descendientes de los más de cien ahijados que el Inca apadrinó aquí en Montilla– brinden conmigo por la memoria de aquel cusqueño universal que bautizó a vuestros antepasados, escribió la historia de los incas, narró la conquista del Perú y perfumó todo aquello de Montilla-Moriles.

He dicho.

---

162. Inca GARCILASO DE LA VEGA: *La Florida...*, óp. cit., p. 166.

LETRA
A LA TONADILLA
INTITULADA:
EL REGALO DE UNA POLLA,
que ofrece à la M. I. Ciudad de Barcelona
LA SEñORA GABRIELA SANTOS,
(Correspondiente al Dia,)
Que celebra el Innato Regozijo de sus muy Dignos Ciudadanos en 25. de Diciembre del presente año 1774.

PUESTA EN MUSICA,
POR EL SEñOR JACINTO VALLEDOR,
Maestro del Teatro.

CON LAS LICENCIAS NECESARIAS.

Barcelona: En la Oficina de Pablo Campins Impresor, calle de Amargós.

LA POLLA DE CERVANTES

César el juego aprendió
y un día que le jugó,
teniendo basto, malilla,
punto cierto y espadilla,
la tal polla remetió.

Calderón de la Barca
Nadie fíe su secreto

Una polla en la mayoría de países hispanoamericanos es una inofensiva quiniela hípica o deportiva, mientras que en España es un obsceno vulgarismo que define al órgano genital masculino, tal como lo admite la Academia Española desde la décimo novena edición de su *Diccionario* en 1985. ¿Por qué en América Latina una polla es una apuesta y en España es algo que nadie se apostaría? Me propongo demostrar que alguna vez ambas pollas fueron la misma, hasta que los españoles perdieron la suya.

Desflorando a Cervantes

Una de las certezas más compartidas por los biógrafos de Cervantes vendría a ser la afición del autor del *Quijote* por los juegos de naipes, pues Cervantes no solo citaba los juegos por sus nombres, sino hasta las trampas o fullerías más conocidas[163]. Aquellos engaños, trapacerías y añagazas de tahúres recibían el nombre de «flores» en el argot de la timba[164], y Cervantes hizo alarde de sus conocimientos fulleros en *Rinconete y Cortadillo*, cuando a petición de Monipodio el pícaro enumeró sus habilidades con la baraja:

> Yo –respondió Rinconete– sé un poquito de *floreo de Vilhán*: entiéndase el *retén*; tengo buena vista para el *humillo*; juego bien de la *sola*, de las *cuatro* y de las *ocho*; no se me va

---

163. «A lo largo de su obra [Cervantes] se destapó como un gran catedrático de los juegos de naipes, conocía su jerga y enumera infinidad de modalidades y variantes en sus libros: la veintiuna, la quínola, el parar o la andaboba... No son pocos los pasajes, y en no pocas de sus obras, en los que certifica su conocimiento de tahúres, garitos y tretas del juego de los naipes. Seguramente, como la mayoría de los hombres de su tiempo, debió de jugar a cartas, porque no había muchos más entretenimientos en aquella sociedad ni estaba al alcance de la gente de cualquier condición otra holgura que esa de la baraja, en ventas solitarias o en ciudades importantes. Jugaban los ricos y los pobres, los reyes, los nobles y los plebeyos, los rústicos y los villanos. Lo lógico es que alguien como Cervantes, que había pasado buena parte de su vida entre soldados, en cautiverio o en las posadas del camino, supiese jugar a cartas, y jugase». En Andrés TRAPIELLO: *Las vidas de Miguel de Cervantes*, Biblioteca ABC (Madrid, 2004), p. 127.

164. En su *TLC* (1611) Sebastián de COVARRUBIAS recogió las siguientes acepciones para la voz FLOR: «9. Flor, entre farsantes burladores, llaman aquello que traen por ocasión y escusa, cuando quieren sacarnos alguna cosa como decir que son caballeros pobres, o soldados que vienen perdidos, o que han salido de cautiverio, y desas flores son tantas las que hay en el mundo, que le tienen desflorado (...) 12. Juego de la FLOR, juego de tahúres» (*TLC*, pp. 552-553). Por otro lado, en el *DA* (1726-1739) encontramos la siguiente entrada: «FLOR. Entre los fulleros significa la trampa y engaño que se hace en el juego».

por pies el *raspadillo*, *verrugueta* y el *colmillo*; éntrome por *la boca de lobo* como por mi casa, y atreveríame a hacer un *tercio de chanza* mejor que un tercio de Nápoles, y a dar *astillazo* al más pintado mejor que dos reales prestados[165].

Redactada entre 1601 y 1602, *Rinconete y Cortadillo* no fue la única obra donde Cervantes demostró su sabiduría de garito, pues en la comedia *Pedro de Urdemalas* volvió a florearse con las «flores» de los tahúres:

> *Luego fui mozo de mulas,*
> *y aún de un fullero lo fui,*
> *que con* la boca del lobo
> *se tragara a San Quintín;*
> *gran jugador de las* cuatro,
> *y con la* sola *le vi*
> *dar tan mortales heridas,*
> *que no se pueden decir.*
> Berrugueta *y* ballestita,
> *el* respaldillo *y* hollín
> *jugaba por excelencia,*
> *y el* Maese Juan *hi de ruin.*
> *Gran sage del* espejuelo,
> *y del* retén *tan sutil,*
> *que no se le viera un lince*
> *con los antojos del Cid*[166].

---

165. Miguel de CERVANTES: *Rinconete y Cortadillo...*, tomo II, óp. cit., p. 89. Según el *DA*, «Cortadillo. En la Germanía es cierta flor, que usan los fulleros en el juego de los naipes».

166. Miguel de CERVANTES: *Pedro de Urdemalas*, en *Obras Completas*, tomo I, p. 621 (*Pedro de Urdemalas* fue compuesta entre 1610 y 1611).

En un espléndido trabajo, Jean-Pierre Etienvre sugiere que la retahíla cervantina de las «flores» le parece más un recurso retórico que una descripción realista. Es decir, «Retórica de la acumulación (*enumeratio*), procedimiento elemental (en el sentido estricto del adjetivo), juego fácil con los juegos, parecido (sin ser tan extremado) a la acumulación rabelesiana de los juegos de Gargantúa. Juego que Cervantes repite, pero con variantes, como para convencernos de que la fullería es letra viva y mundo abierto»[167]. Por lo tanto, aunque Cervantes hubiera sido un jugador más o menos empedernido, sus «flores» habrían sido sembradas para seducir con sus aromas a unos lectores que el autor presumía familiarizados con la cultura del naipe[168].

Sin embargo, en toda la primera parte de *Don Quijote de la Mancha* (1605) no encontramos ni una sola mención a las «flores» del juego, porque las fullerías más bien se concentran en las *Novelas Ejemplares* (1613) o en sus comedias y entremeses[169]. No obstante, en la segunda parte del *Quijote* (1615) sí hallamos dos referencias puntuales al juego y los naipes. La primera es una frase que se pronuncia durante la apócrifa aventura de la cueva de Montesinos: «Y cuando así no sea –respondió el lastimado Durandarte con voz desmayada y baja–, cuando así

167. Jean-Pierre ETIENVRE: «*Paciencia y barajar*»..., óp. cit., p. 139.

168. «Original y explícito a la vez, el juego cervantino se vale de los juegos –y particularmente del más vulgar entre ellos, los naipes– como de un lenguaje común que se vuelve, bajo su pluma, lenguaje de creación. Y ese lenguaje, como cualquier otro lenguaje o, mejor dicho, el lenguaje en general, no sirve a Cervantes para representar la realidad, sino para trastocarla: con naipes del montón baraja tópicos» (Ibídem, p. 142).

169. Jean-Pierre Etienvre ha levantado un minucioso inventario de las expresiones naipescas en la obra de Cervantes –«Léxico de los naipes en la obra de Cervantes»– y parece evidente que la mayoría de las referencias son posteriores a la primera edición del *Quijote* (Ibídem, pp. 152-155).

no sea, ¡oh, primo!, digo *paciencia y barajar*»[170]. Este expresión fue comentada por otro personaje –un primo, humanista trasnochado– en el capítulo siguiente, quien después de amonestar a Sancho por su impertinencia se explayó así:

> Yo, señor Don Quijote de la Mancha, doy por bien empleadísima la jornada que con vuesa Merced he hecho, porque en ella he granjeado cuatro cosas. La primera, haber conocido a vuestra merced, que lo tengo a gran felicidad. La segunda, haber sabido lo que se encierra en esta cueva de Montesinos, con las mutaciones de Guadiana y de las lagunas de Ruidera, que me servirán para el *Ovidio español* que traigo entre manos. La tercera, entender la antigüedad de los naipes, que, por lo menos, ya se usaban en tiempo del emperador Carlo Magno, según puede colegirse de las palabras que vuesa merced dice que dijo Durandarte, cuando al cabo de aquel grande espacio que estuvo hablando con él Montesinos, él despertó diciendo: «Paciencia y barajar». Y esta razón y modo de hablar no la pudo aprender encantado, sino cuando no lo estaba, en Francia y en tiempo del referido emperador Carlo Magno. Y esta averiguación me viene pintiparada para el otro libro que voy componiendo, que es *Suplemento de Virgilio Polidoro, en la invención de las antigüedades*; y creo que en el suyo no se acordó de poner la de los naipes, como la pondré yo ahora, que será de mucha importancia, y más alegando autor tan grave y tan verdadero como es el señor Durandarte. La cuarta es haber sabido con certidumbre el nacimiento del río Guadiana, hasta ahora ignorado de las gentes[171].

---

170. Miguel de CERVANTES: *Don Quijote de la Mancha*…, óp. cit., p. 898 (las cursivas son nuestras).

171. Ibídem, pp. 905-906.

La segunda referencia proviene del capítulo XLIX, cuando Sancho pretende prohibir las casas de juego en la ínsula Barataria y es reconvenido así por un funcionario:

> Ésta, a lo menos –dijo un escribano–, no la podrá vuesa merced quitar, porque la tiene un gran personaje, y más es, sin comparación, lo que él pierde al año que lo que saca de los naipes. Contra otros garitos de menor cuantía podrá vuesa merced mostrar su poder, que son los que más daño hacen y más insolencias encubren; que en las casas de los caballeros principales y de los señores no se atreven los famosos fulleros a usar de sus tretas; y pues el vicio del juego se ha vuelto en ejercicio común, mejor es que se juegue en casas principales que no en la de algún oficial, donde cogen a un desdichado de media noche abajo y le desuellan vivo[172].

¿Por qué en la segunda parte del *Quijote* Cervantes se permite opinar sobre qué garitos y casas de juego deberían abrir o cerrar, y qué significado tendría su digresión acerca del origen de los naipes? Quizás Cervantes solo quería rebatir –y de paso ridiculizar– a Francisco de Luque Faxardo, un clérigo sevillano autor del compendio más minucioso acerca del mundo de la timba del Siglo de Oro: *Fiel desengaño contra la ociosidad y los juegos. Vtilíssimo a los confesores y penitentes, justicias y los demás, a cuyo cargo está limpiar de vagabundos, tahúres y fulleros la República Christiana*[173].

---

172. Ibídem, p. 1122.

173. Francisco LUQUE FAXARDO: *Fiel desengaño contra la ociosidad y los juegos. Vtilíssimo a los confesores y penitentes, justicias y los demás, a cuyo cargo está limpiar de vagabundos, tahúres y fulleros la República Christiana.* Impreso en Madrid en Casa de Miguel Serrano de Vargas, año de 1603. Cito la edición de Martín

Redactado con una finalidad admonitoria y moralizadora, el *Fiel desengaño* no fue la primera obra publicada en España contra los naipes y el juego[174], aunque sí se le puede considerar como el tratado más ameno sobre las trampas y los peligros de las cartas, así como la principal fuente del léxico de la timba y la fullería, pues ni el *TLC* de Covarrubias ni el *DA* recogen todas las voces y expresiones acuñadas en «coimas», «garitos», «tablajes», «leoneras», «ginebras», «mandrachos», «palomares» y otros sinónimos de las casas de juego de la época[175].

Así, cuando Cervantes se pronunciaba a favor de la tolerancia del juego en casas de grandes personajes y caballeros principales, en realidad estaba refutando las ideas de Luque Faxardo, inflexible acerca de la conducta ejemplar que debían de tener los grandes personajes y caballeros principales:

> ¿Hay torpeza igual como aquesta, que las manos de los que deben dar ejemplo y ocuparse en ofrecer sacrificios a nuestro gran Dios, aplacándole en sus cóleras y enfados con los pecadores, poniéndose como otro Aarón, con el incensario en las manos, entre la Majestad suya y el pueblo, verlos adorando unas pinturas y sabandijas del naipe, no dibujadas en la pared, si no en papeles y cartas del demonio, como ya queda advertido en su lugar? (...) ¿Qué ha de hacer el otro mozo holgazán y vicioso si ve que el ejemplar se sienta con él igualmente al tablero, gastando en eso lo más del tiempo?

---

de Riquer para la Biblioteca Selecta de Clásicos Españoles de la Real Academia Española (Madrid, 1955), 2 vols.

174. En el siglo XVI se publicaron dos libros sobre la materia: Pedro de COVARRUBIAS: *Remedio de Jugadores*. En Burgos, por arte e industria de Alonso de Melgar impresor, año de 1519; y fray Francisco de ALCOCER: *Tratado del juego*. Impreso en Salamanca en casa de Andrea de Portonaris, 1559.

175. Francisco LUQUE FAXARDO: *Fiel desengaño...*, tomo I, óp. cit., p. 107.

> Verdaderamente, el pueblo tiene puestos los ojos en ellos; y viéneles muy a cuento a los viciosos para dar rienda suelta a sus demasías decir: «Fulano juega»; y con tales circunstancias que, haciendo comparación, no hay de qué espantarse que jueguen ellos[176].

Por otro lado, Martín de Riquer advirtió que Luque Faxardo glosaba a Virgilio Polidoro en los capítulos dedicados al origen de los naipes, aunque sin citarlo[177], y de ahí dedujo que «Cervantes, en la persona del primo, está satirizando la erudición anticuaria de Luque Faxardo en lo que se refiere al origen de los naipes. Y tal sospecha se robustece si tenemos en cuenta que unos capítulos antes, en la misma segunda parte del *Quijote*, aparece un cierto paralelismo con un pasaje del *Fiel desengaño contra la ociosidad y el juego*»[178]. Sin embargo, una ironía del destino ha querido que el tratado de Luque Faxardo sea imprescindible para reconocer las «flores» o trampas enumeradas por Cervantes en *Rinconete y Cortadillo* y en la comedia *Pedro de Urdemalas*. A saber, «andaboba»[179], «floreo de Vilhán»,

---

176. Francisco LUQUE FAXARDO: *Fiel desengaño…*, tomo II, óp cit., p. 184.

177. Luque Faxardo solo cita a Virgilio Polidoro en el Libro II, cap. I (tomo I, p. 188) y en el Libro III, cap. I (tomo II, p. 89), pero no lo menciona en todo el Libro I, dedicado al origen de los naipes. La obra de Polidoro Virgilio se titulaba *Libro que trata de la invención y principio de todas las cosas*. Traducido por Francisco Thamara. Anvers, Nucio, 1550 (En Medina del Campo se reeditó en 1551, 1586, 1597 y 1598).

178. La cita de Martín de Riquer se toma del «Prólogo» en Francisco LUQUE FAXARDO: *Fiel desengaño…*, tomo I, óp. cit., p. 16.

179. Cervantes menciona esta «flor» al comienzo de *Rinconete y Cortadillo*: «aprendí de un cocinero de un cierto embajador ciertas tretas de quínolas y del parar, a quien también llaman el *andaboba*» (*Obras Completas*, tomo II, p. 81). Según el *DA*, «ANDABOBA: Trampa o fullería que usan los fulleros al juego de *quínolas* y del *parar*. Lat. *Fraudulenta cartharum techna*».

«retén», «humillo», «sola», «cuatro», «ocho», «raspadillo», «verrugueta», «colmillo», «la boca del lobo», «tercio de chanza», «astillazo», «ballestilla», «respaldillo», «hollín», «Maese Juan» y «espejuelo»[180].

---

180. No es posible –sin embargo– descifrar todas las «flores» o trampas. En Luque Faxardo aparecen las siguientes: TERCIO DE CHANZA: «Otros llaman *naipes del tercio*, respecto que la fullería está en la tercera parte de la baraja, como traza encaminada en daño de terceros» (Francisco LUQUE FAXARDO: *Fiel desengaño...*, tomo II, óp cit., p. 25); ASTILLAZO: «Cuando uno déstos quiere quitar las suertes, que derechamente vienen a su contrario, vuelve a recorrer las cartas, poniendo en medio otra; y a esto llaman *dar astillazo*» (Ibídem, p. 26); BALLESTILLA: «Otra flor llaman la *ballestilla*: debe ser sin duda por las heridas de saeta con que quitan el dinero» (Ibídem, loc. cit.); VERRUGUILLA: «esta flor sin duda se compone de esas dos condiciones de animales, encaminándose a despojar la hacienda ajena sin nota ni ruido, bien que varían en el modo y nombre de sus fullerías; pero todo a fin de robar. A una llaman *berruguilla*, a otra *hacer la teja*» (Ibídem, p. 35) y LA BOCA DEL LOBO: «a lo cual dicen ellos, por vía de chanza, ser sus lamedores más activos que purga de otros, con unas largas metáforas que siguen al propósito, pasándose ordinariamente en risa, como negocio de donaire» (Ibídem, p. 36). En un curioso estudio, «Las flores de Rinconete», el erudito Francisco Rodríguez Marín identificó algunas «flores» más. A saber, RETÉN: «esta maniobra consistía, según el vocabulario germanesco de Juan Hidalgo (1609), en *tener el naipe cuando el fullero juega, que se suele decir salvar, y ellos dicen salvatierra*» (Francisco RODRÍGUEZ MARÍN: «Las flores de Rinconete», en *Ensaladilla. Menudencias de varia, leve y entretenida erudición* (Madrid, 1923), p. 74); HUMILLO: «Este, como el *lápiz* y el *hollín*, y a diferencia de la *pez*, consistía en señalar sutilmente por el dorso tales o cuales suertes de naipes, o todos ellos, distinguiéndolos según los sitios en que estaban marcados» (Ibídem, p. 74); SOLA, CUATRO y OCHO: «Todo esto equivalía a *apandillar* o juntar la suerte o algún encuentro, llevándolo abajo o arriba; a reservarse uno o varios naipes mientras cortaban, poniéndolos luego, a dos por tres, donde era necesario para que salieran a la mesa o se quedaran de por vida en la baraja» (Ibídem, p. 75) y RASPADILLO, VERRUGUETA y COLMILLO: «Tres flores que consistían en señalar los naipes para distinguirlos al tacto, ya raspándolos sutilmente en determinados lugares, según las suertes, ya apretando sobre la haz de tales o cuales de ellos la cabeza de un alfiler, de modo que por el envés la señal semejaba una verruguilla, o bien pulimentándolos extremadamente acá o allá, operación que de ordinario se hacía con un colmillo de cerdo, de donde tomó el

No obstante, una cosa eran las «flores» y otra muy distinta los juegos donde tales trampas podían ponerse en práctica. Y aunque Cervantes no fuera un fullero, un tahúr o un tramposo, no hay que olvidar que sí fue un jugador.

La polla y los juegos de manos

La baraja fue una fuente inagotable de diversión y entretenimiento durante unos años en los que apenas existían otras opciones de ocio fuera del teatro y la lectura. Como cualquier otro hombre de su tiempo, Cervantes sucumbió al hechizo de los naipes y por eso los nombres de los juegos del Siglo de Oro aparecen diseminados por sus obras.

Así, en el principio de *La ilustre Fregona* (1613) Cervantes da cuenta de todo lo aprendido por el pícaro Carriazo en la «Cátedra de Alfarache»:

> En tres años que tardó en volver a parecer y volver a su casa aprendió a jugar a la *taba* en Madrid, y al *rentói* en las

---

nombre esta flor» (Ibídem, p. 75). En cuanto al FLOREO DE VILHÁN, Luque Faxardo dedica dos capítulos a este demonio presunto inventor de los naipes, precisando que los tahúres «en los sucesos de pérdida o ganancia se dan pésames y plácemes, diciendo ser aquel dinero bienes de Vilhán, a cuya disposición está quitarlos o hacer merced dellos a quien más le place, hoy a Juan, mañana a Pedro, acompañando sus patrañas con cuentos que no son para aquí; y en particular a los tahúres novatos o chapetones, rematando sus prolijos discursos (cuando más alcanzados de sufrimiento a causa de las pérdidas) con la vulgar proposición, que dice: *paciencia y barajar*» (Francisco LUQUE FAXARDO, *Fiel desengaño*, tomo I, óp. cit., p. 97. El subrayado es nuestro).

ventillas de Toledo, y a la *presa* y *pinta* en las barbacanas de Sevilla[181].

La *taba* –en realidad– no era un juego de cartas[182], pero aunque Covarrubias definía «presa y pinta» como «término de jugadores de naipes»[183], con el *Diccionario de Autoridades* sí podemos saber en qué consistían los juegos de la *pinta* y el *rentói*:

PINTAS. Juego de náipes, especie del que se llama del Parar. Juégase volviendo á la cara toda la baraja junta, y la primera carta que se descubre es del contrario, y la segunda del que lleva el náipe, y estas dos se llaman pintas. Vanse sacando cartas, hasta encontrar una semejante á alguna de las que salieron al principio, y gana aquel que encuentra con la suya, tantos puntos, quantas cartas puede contar desde ella hasta dar con azár, que son el tres, el quatro, el cinco y el seis, sino es quando son pintas, o quando hacen encaxe al tiempo de ir contando: como por exemplo, si la quarta carta es un quatro, no es azár sino encaxe. El que lleva el náipe ha de querer los envites que le hace el contrario ú dexar el náipe (*DA*).

RENTÓI. Juego de náipes, que se juega de compañeros, entre dos, quatro, seis, y á veces entre ocho personas. Se dán tres cartas á cada uno, y después se descubre la immediata, la

---

181. Miguel de CERVANTES: «La ilustre Fregona», en Obras completas, tomo II, óp. cit., p. 178.

182. Según el *DA* la «taba» era un huesecillo de animal. «Juego de *taba*: el que usa la gente vulgar, tirándola por alto al suelo, hasta que quede en pie por los lados estrechos. Por la parte cóncava, que forma una s, al modo de aquella con que se notan los párraphos, y se llama carne, gana el que la tira; y por la otra, que se llama culo, pierde».

183. Sebastián de COVARRUBIAS: *Tesoro de la Lengua Castellana*..., óp. cit., 833.

qual queda por muestra, y según el palo sale, son los triunfos aquella mano. La malilla es el dos de todos palos, y esta es la que gana à todas las demás cartas; solo quando es convenio de los que juegan, que ponen por superiór à el quatro, à el qual llaman el borrégo, y la malilla se queda en segundo lugár, después el rey, caballo, sota, ás, y assí ván siguiendo el siete y las demás hasta el tres, que es la mas inferiór. Se juegan bazas como al hombre, y se envida como al truque, haciéndose señas los compañeros. Lat. *Ludus chartarum pictarum sic dictus.* ESTEB. cap.3. Y sacando la lengua, como jugadór de *rentói*, y seña de malilla, me tenia fatigadas las oréjas. CERV. NOV.8.pl. 234. Aprendió à jugar à la taba en Madrid, y al *rentói* en las ventillas de Toledo, y à pressa y pinta en pié, en las barbacánas de Sevilla (*DA*).

En el capítulo XXXI de la Segunda Parte del *Quijote*, Sancho piropeó así –en vano– a doña Rodríguez de Grijalva, con intención de colocar a su asno en las caballerizas del castillo: «no perderá vuesa merced la *quínola* de sus años por punto menos»[184]. Según la edición crítica preparada por el Instituto Cervantes con ocasión del IV Centenario de la edición del *Quijote*, «En el juego de la primera, *quínola* era la combinación de cuatro cartas del mismo palo»[185], pero la combinación de cuatro cartas del mismo palo se llamaba «flux», tanto en el juego de la *quínola* como de la *primera*:

QUÍNOLA. Juego de náipes en el que el lance principál consiste en hacer quatro cartas, cada una de su palo, y si la

184. Miguel de CERVANTES: *Don Quijote…*, óp. cit., p. 963.

185. Ibídem, loc. cit., nota 18. Para no dejar dudas: «FLUX. Term. Del juego de las quínolas y otros. El concurso de todas las cartas de un mismo palo. Lat. *Simultas cartharum pictarum*» (*DA*).

> hacen dos, gana la que incluye mas puntos. Lat. *Ludus es varietate chartarum sic dictus.* PIC. JUST. 256. Pensó que mi casamiento era de casta de *quínola*, que se hace sin descarte. ESTEB. cap. 1. Señalando las cartas por las puntas para *quínolas* y priméra (*DA*).
>
> PRIMERA. Juego de náipes, que se juega dando quatro cartas á cada uno: el siete vale veinte y un puntos, el seis vale diez y ocho, el ás diez y seis, el dos doce, el tres trece, el quatro catorce, el cinco quince, y la figura diez. La mejor suerte, y con que se gana todo es el flux, que son quatro cartas de un palo; después el cincuenta y cinco, que se compone precisamente de siete, seis y ás de un palo; después la quínola o primera, que son quatro cartas, una de cada palo. Si hai dos que tengan flux, gana el que le tiene mayor, y lo mismo sucede con la primera; pero si no hai cosa alguna desto, gana el que tiene más punto en dos ó tres cartas de un palo. Lat. *Ludus chartarum sic dictus* (*DA*).

También en la Segunda Parte del *Quijote*, Sancho reniega de la caza como pasatiempo y pregona en alta voz su preferencia por los juegos: «En lo que yo pienso entretenerme es en jugar al *triunfo envidado* las pascuas, y a los bolos los domingos y fiestas»[186]. ¿Qué era el *triunfo envidado*? Según el *DA*, *triunfo* «Llaman también à un juego de náipes lo mismo que el del *burro*» y *envidado* vendría de *envidar*: «Término del juego. Provocar, incitar, excitar à otro para que admita la parada, no para darle el dinero; sino para ganársela y llevárselo, si puede» (*DA*). Por lo tanto, el juego del *triunfo* nos lleva a definir los juegos del *parar* y del *burro*.

---

186. Ibídem, p. 1000.

> PARAR. Juego de náipes, que se hace entre muchas personas, sacando el que le lleva una carta de la baraja, á la qual apuestan lo que quieren los demás (que si es encuentro como de Rey y Rey, gana el que lleva el náipe) y si sale primero la de este, gana la parada, y la pierde si sale el de los paradores. Lat. *Ad unicum folium lusorium sponsio vel depositio* (*DA*).

> BURRO. Se llama también un juego de náipes en que se dán tres cartas à cada jugadór, y se descubre la que queda encima de las que sobran, para señalar el triumpho de que ha de jugarse cada mano. El priméro à quien dán los náipes puede passar, y después jugar si le pareciere: los demás que passan no pueden entrar. Los ases son las superiores, y las figúras y demás cartas como al juego del hombre: y en defecto del triumpho señalado por la carta descubierta es la mayor el as, síguele el Rey, y las demás por su orden. Gana el juego quien mas bazas hace, y si hacen igualmente parten entre los tres que hicieron cada uno una baza, y el que no hace, ò los que no hacen, todos ponen lo que tenía la polla, ò lo que pactan los jugadóres. Lat. *Pagellarum pictarum quidam ludus* (*DA*).

De la cita anterior se colige que la *polla* del *burro* era algo que tenían que poner los jugadores y no precisamente un burro. ¿Tendría alguna relación con aquel «juego del hombre» citado en las definiciones del *burro* y del *rentói*? Cervantes vuelve a mencionar la *polla* en un fragmento de *El Licenciado Vidriera* (1613), colmado de referencias naipescas:

> Alababa mucho la paciencia de un tahúr, que estaba toda una noche jugando y perdiendo, y con ser de condición colérico y endemoniado, a trueco de que su contrario no se alzase no descosía la boca y sufría lo que un mártir de Barrabás. Alababa también las conciencias de algunos honrados

> gariteros que ni por imaginación consentían que en su casa se jugase otros juegos que *polla* y *cientos*; y con esto a fuego lento, sin temor y nota de malsines, sacaban al cabo del mes más barato que lo que consentían los jueces de estocada, del *repárolo*, *siete y llevar*, y *pinta* en la del punto[187].

La *pinta* ya la tenemos en nuestro inventario, pero con la excepción del misterioso *repárolo* sí hemos podido identificar los demás juegos y sus derivaciones naipescas, pues el *siete y llevar* es solo el extremo de un hilo que nos conduce hasta la madeja de la *bacéta*:

> SIETE Y LLEVAR. En el juego de la banca se llama la tercera suerte, en que se va á ganar siete tantos. Lat. *Tertia sors in ludo cartharum septem puncta exponens* (*DA*).

> BANCA: Es en el juego de la bacéta la cantidad ó porción de dinero que pone de contado el banquero, que es el que lleva siempre el náipe, o que abona de palabra. Lat. *Pecunia usuraria* (*DA*).

> BACÉTA: Juego de náipes modernamente introducido en España, que se execúta poniendo uno (que siempre lleva el náipe) una cantidád de dinero de contado (que llaman banca) y los que juegan contra este ponen sobre un náipe (el que cada uno elige a su fantasía) la cantidád que le paréce, y el banquéro con una barája vá echando cartas en dos montónes ó partes: si cae á la izquierda la que está parada por los jugadores (que a este juego llaman Apuntadóres) pierde, y si cae á la derécha gana. Es voz Francésa, en cuyo Idioma se le dá este nombre á este juego (*DA*).

---

187. Miguel de CERVANTES: «El Licenciado Vidriera»..., óp. cit., p. 141.

En el caso de los *cientos*, Covarrubias se limita a definirlo como «juego ingenioso y muy usado en España»[188] y por desgracia carece de una entrada propia en el *DA*, aunque existe una referencia indirecta en la definición de *quinta*[189]. Por lo tanto, el último juego de manos que nos queda por averiguar es la *polla* de Cervantes:

> POLLA: En el juego del hombre y otros, se llama assí aquella porción que se pone y apuesta entre los que juegan. Lat. *Ludis sponsio*. M. LEÓN, Opr. Poet. tom. I. pl. 454.
>
> *Pedro por triumphar de espada,*
> *á la* polla *en contingencia*
> *puso, cantóle otro gallo,*
> *sino la* polla *perdiera* (*DA*).

Como se puede apreciar, la *polla* no era un juego propiamente, sino el nombre de una apuesta dentro de uno en particular: el *Juego del Hombre*. El universo de los naipes del Siglo de Oro fue muchísimo más rico[190], pero el *Juego del Hombre*

---

188. Sebastián de COVARRUBIAS: *Tesoro de la Lengua Castellana*..., óp. cit., p. 309.

189. «QUINTA: Se llama en el Juego de los Cientos cinco cartas de un palo seguidas en orden. Si empiezan desde el As, se llama mayor; si del Rey, real, y assí las demás, tomando el nombre de la principal carta por donde empiezan. Lat. *In ludo quinque chartae lusoria ordine subsecute*» (*DA*).

190. En el *TLC* de Covarrubias y en el *DA* se consignan los siguientes juegos: «BÁCIGA: Espécie de juego que se juega con náipes entre dos, ó más personas con tres cartas, y en él se llama báciga el que en los tres naipes hace el punto, que no passa de nueve, y si le hacen á un mismo tiempo gana el que la tiene menor, y si igual, el que es mano. Después se toman cartas hasta hacer treinta y una, que es el mayor punto, ò el más cercano à él, y el que hace treinta y una gana dos puntos, y si hace el punto más cercano gana uno, y por cada pareja que hai en las cartas gana otro punto. El que hace en las primeras tres cartas as, dos, y tres de

un palo gana el juego doble, y si le hace con pericón o pendanga, que son caballo de bastos y sota de oros, gana el juego sencillo. Si en las cartas que ha tomado para hacer treinta y una, ò el punto más próximo, tiene quatrinca, esto es quatro ases, doses, treces, etcétera gana juego. Y si en este número de cartas que toma hasta hacer el punto de treinta y una hai nueve cartas, gana un juego; y si diez, dos; y assí de los demás. Ordinariamente se juega á doce puntos, y el que primero los hace gana el juego. Medio juego se llama la báciga, que dentro de los nueve puntos es de un palo en las tres cartas primeras, y también lo es quando las tres cartas son tres asses, doses, ú otro cualquier punto o figura» (*DA*).

«CACHO. Juego de náipes, usado de pocos años á esta parte, que se hace con media baraja, dando a cada uno una carta, que van subiendo desde el as, hasta el seis. Si alguno envida, y los otros ó alguno quieren, se dá segunda carta al que envida, y al que acépta. Si vuelven a envidar es la posta; y si no, passan y se dan las terceras, en que se puede volver a envidar hasta el resto. El mayor punto gana, que puede subir á treinta y una, si juntan cinco y seis de un palo. Tres naipes de un palo hacen cacho: si es el quatro, el cinco y el seis, es cacho mayor; y si juntan tres seises, es cacho que gana a todos; y con este solo puede envidar» (*DA*).

«CAPADILO. El juego del chilindrín, sin ochos y nueves, que por haberle quitado aquellas cartas le pusieron este nombre» (*TLC*, p. 261).

«CHILINDRÓN. Juego de cartas, usado en España; apacible y de conversación, del verbo griego *χυλίνδω vel χυλινδέω, voluo*, porque van en rueda pidiendo cartas desde el As hasta el Rey. El que se juega sin ochos y nueves llaman el capadillo» (*TLC*, p. 390). «Chilindrón. Juego de náipes, que se juega entre dos ó quatro personas, repartiendo los náipes por iguales partes á cada uno, y el que es mano empieza á jugar, echando las cartas que se siguen unas á otras en el número y pinta: como as, dos, tres. Y si no tiene quatro passa al segundo, o al que le tuviere, y continúa este, echando quatro, cinco y seis, y assí hasta sota, caballo y Rey, que estos tres náipes se llaman Chilindrón. Y el que en esta forma se descarta primero, gana de los otros por cada carta que no se han descartado, la cantidad que se impuso al empezar el juego. Es una especie de pechigonga sin envites» (*DA*).

«FLOR: Juego de náipes, en que de una en una se reparten tres cartas à cada sugéto de los que juegan, y se hacen los envites y revites del mismo mode que al cacho. El que hace flór, que son tres cartas de un palo, tiene mejor partido: y caso que concurra otro, gana el que tiene más puntos, y siendo iguales es superiór el que es mano. El dos vale doce, el as once, las figúras y el cinco diez, el tres nueve, el quatro ocho, y el siete y seis como pintan. El postre tiene el privilegio de que le valga diez la primera carta que toma, descubriéndola para que la vean los demás, aunque la tal carta sea seis, ò siete. Quando no se hace flor gana el mayór punto de los que ocurren en una ù dos cartas. Lat. *Ludus chartarum pictarum sic vulgò dictus.* SALAZ. Obr.Posth.pl.257. *Tus mexillas al juego / le desconocen, / que à la* flor *solo juegan, / pero no al hombre»* (*DA*).

«MALILLA. Juego de náipes nuevamente introducido, que se dispóne entre quatro personas, cada dos de compañeros, repartiendo las cartas à doce à cada uno, y el que las dá descubre la última suya, la qual es el triumpho aquella mano. Los demás palos se juegan como en el Hombre, teniendo todos precisión de servir ganando siempre, si puede por el orden de las cartas, que es la malilla ò nueve, superior à todas, luego el As, Rey, caballo, sota, siete, seis, etcétera, y si está fallo poner triumpho. El fin del juego es hacer treinta y seis piedras, las quales se cuentan del valor de las bazas, que cada uno hace, en las quales vale el nueve ò malilla cinco, el as quatro, el Rey tres, el caballo dos, y la sota uno: las blancas no valen nada, ni se cuenta más que la baza, que siempre añade un punto à los demàs. Acabada la mano y cotejado el excesso de puntos, este es el que se debe tantear; sino es que se hagan todas las bazas, lo qual llaman capote, que gana el juego. Juegase también cada uno para sí de la misma suerte, la qual llaman Alborotada: y entre dos, repartiendo todas las cartas, que llaman Peirote. Lat. *Ludus chartarum à charta sic dicta denominatus»* (*DA*).

«PECHIGONGA. Juego de náipes, que se juega entre quatro en la forma siguiente. Danse quatro cartas à cada uno, y con ellas se envida ò passa, según el punto que se tiene para ello, ò de falso. Si hai priméra ò flux, no se puede envidar sino es que alguno de los otros le tenga, y gana el que tiene primera ò flux mayor. Danse después otras quatro cartas, y con ellas se hace lo mismo que con las priméras. Después se dá otra carta sola à cada uno, y con ella, el que tiene siete ò seis, que son las mejores, envida y reenvida con punto de falso: luego juntando las nueve cartas se vuelve à envidar en todas, de lleno ò de falso, siendo el mejor punto cincuenta y cinco. Pechigonga es quando alguno en las nueve cartas las tiene consecutivas, esto es, as, dos, tres, etcétera, hasta la última: y à este se le paga un tanto en que se ha convenido. Este juego vino de Indias, de donde traxo el nombre. Lat. *Ludus chartarum ordine numerandarum»* (*DA*).

«QUINCE [CINCO]. Jugaban dos al quince, y el uno fue tomando cartas hasta cinco sin pasar; y el contrario tenía catorce, y habiéndole envidado el resto, quísole diciendo: ¿Qué puntos pueden ser los de cinco cartas, siendo yo mano? Púsola luego el compañero en el resto, y dijo: ¿No sabéis cuántas son cinco?, y descubrió una, dos, tres, cuatro, cinco corridas, que todas hacen quince» (*TLC*, p. 314).

«RENTILLA. Juego de náipes, en que se reparte una carta à cada uno de los que juegan, y sobre el punto que pinta la carta, se ha de pedir hasta hacer treinta y uno, que es el fin del juego, y con lo que se gana el todo de la polla, y si llegasse à exceder del número treinta y uno, ha de poner el excesso de puntos, siendole arbitrario al que pide carta, quedarse en el punto que quisiere, sin llegar al treinta reinó soberano durante siglos y sus lances y suertes fraguaron un campo semántico único, donde las *pollas* se remetían, se sacaban, se corrían y hasta se metían dobladas.

Cómo se hacía un hombre en el Siglo de Oro

El *Juego del Hombre* fue el más popular de la baraja española y conoció hasta cinco variantes que participaban de un mismo vocabulario que servía para definir suertes, lances y figuras. A través de las fuentes consultadas solo hemos podido identificar las siguientes modalidades:

> JUEGO DEL HOMBRE. Género de juego de náipes entre varias personas, con elección de palo, que sea triumpho, y el que le elige se llama hombre. Hai varias especies de él, jugándose unas veces, y con más o menos cartas, con descarte o sin él, y se le dan varios nombres: como la Zanga, la Cascarela, el Cinquillo y otros. La más principal y antigua

---

y uno, por si acase los demas llegan à passarse, poder ganar por mayor punto. Lat. *Chartarum pictarum ludus sic dictus*» (*DA*).

«VEINTIUNA» ... «si vuesa merced es versado en este juego, verá cuánta ventaja lleva el que sabe que tiene cierto un as a la primera carta, que le puede servir de un punto y de once: que con esta ventaja, siendo la veintiuna envidada, el dinero se queda en casa» (Miguel de CERVANTES, «Rinconete y Cortadillo»..., tomo II, óp. cit. p. 81).

«TRUQUE. Juego de náipes, entre dos, quatro, ù mas personas, en que se reparten à tres cartas à cada uno, las que se ván jugando una à una para hacer las bazas, que gana el que echa la carta mayor por su orden, que es el tres, el dos, Ás, y después el Rey, caballo, etcétera excepto los cincos, y quatros, que se separan. En este juego hai envites de tantos de tres en tres, diciendo truco, tres más, tres más nuevo, y juego fuera, que es doce piedras; número, que suele ser la talla del juego. Lat. *Chartarum ludus, in que per repetitas, vel iteratas sponsiones collusor provocatur*» (*DA*).

es la que llaman del Renegado: y se juega entre tres, dando a cada uno nueve cartas, y el que tiene juego entra eligiendo triumpho, y para sacar la polla necesita de hacer cinco bazas, si no es que de los contrarios haga el uno tres y el otro dos: que entonces se bastan quatro para ganar. Lat. *Ludus cartharum pictarum, sic vulgo dictus* (*DA*).

ZANGA. El juego del hombre que se juega entre quatro, parecido al que llaman de la cascarela; solo que las ocho cartas que quedan, á las quales llaman zanga, las toma el postre, después de haber passado todos quatro. Y de no tomarlas este, puede hacerlo uno de los otros tres, y este que las toma, queda precisado á elegir juego. Lat. *Cartharum pictarum ludus, á modo ludendi sic dictus* (*DA*).

CASCARELA. Cierta espécie de juego del hombre entre quatro, que se reduce á que uno de ellos tomando una carta, ò yendo sin ninguna, toma las que quedan, y después de vistas elige un palo para jugar la polla. Y si la saca, le pagan calidad como si fuera solo; pero si la pierde, la paga. Tiene el que va á cascarela, privilegio de quitar la entrada á los otros, aunque estén antes que él. Y también de meterse en baraja sin jugarla, pagando la calidad, pero hasta cierto número de pollas, conforme se pacta. Es voz moderna, y algunos dicen ya cáscara por *cascarela* (*DA*).

RENEGADO. Juego del hombre entre tres, en que se reparten nueve cartas á cada uno. Lat. *Ludus cartharum pictarum sic dictus* (*DA*).

El *Juego del Hombre* era en realidad un complejo juego de estrategia, donde un máximo de cuatro jugadores libraban una suerte de guerra en la que los únicos objetivos posibles eran ganar o impedir la victoria de cualquiera de los rivales. Cada jugador recibía nueve cartas y la baraja se colocaba al centro de la mesa para robar cartas en cada turno. Las espadas y los bastos representaban las armas de combate, las copas, los triunfos y los oros el botín de las batallas.

Por otro lado, su repertorio de estrategias era enorme, los lances o jugadas riquísimos y ganaba el jugador que tras reunir cinco bazas se sacaba la *polla* o suma total de las apuestas. En la Biblioteca Nacional de Madrid, en el tomo 47 de los «Papeles curiosos manuscritos» de la colección del Duque de Osuna, podemos encontrar una antigua versión de sus reglas: *Primera, Segunda, tercer y quarta parte del Juego del Hombre, en que juegan a España como Polla, entre los cinco Monarchas de la Europa, que se comprehenden en este juego*[191]. ¿Cómo dudar de la decencia de la palabra *polla* en los siglos XVII y XVIII? Por eso una *polla* podía ser una expresión metafórica sobre la pérdida de las colonias[192] o simplemente el regalo generoso de una espléndida señora[193].

No obstante, a comienzos del siglo XIX el *Juego del Hombre* se convirtió en el *Tresillo* y sus lances fueron rebautizados, sus expresiones malsonantes refinadas y las *pollas* fueron del todo amputadas[194], porque un juego de manos donde un *hombre* era

---

191. Biblioteca Nacional de Madrid (BNM), Mss/10932: Papeles Curiosos Manuscritos, tomo 47, ff. 98v-125r (siglo XVIII). A guisa de apéndice documental aportaremos la transcripción de este manuscrito.

192. ANÓNIMO: *Juégase el reyno de Sicilia, como polla, al juego del hombre.* Domingo Leal impresor (Madrid, 1718).

193. Jacinto VALLEDOR: *Letra á la tonadilla intitulada, EL REGALO DE UNA POLLA, que ofrece á la Muy Ilustre Ciudad de Barcelona la señora Gabriela Santos, que celebra el innato regocijo de sus muy dignos ciudadanos, en 25 de diciembre del presente año de 1771.* Pablo Campins impressor (Barcelona, 1774).

194. Las reglas más antiguas del tresillo fueron recogidas por P.A.D.: *Juego del tresillo ó del hombre, dividido en nueve lecciones.* Imprenta de Juan Palacios (Madrid, 1832). Otros manuales tresillistas del siglo XIX fueron los siguientes:

«el que entra la polla»[195] y *hacerse un hombre* no era otra cosa que «entrar à la polla»[196], se prestaba a peligrosos juegos de palabras donde la *polla* podía terminar en otras manos y en otros juegos. Véase al respecto el siguiente soneto atribuido al Conde de Villamediana, que en cada verso riza el doble sentido del vocabulario del *Juego del Hombre*:

A una señora que se facilitaba por dinero[197]

Éntrale el basto siempre a la doncella
cuando de oros el hombre no ha fallado;
espadas su manjar es descartado,
porque lo quiere así la madre della.

ANÓNIMO: *Colección general de juegos. Ajedrez, Damas, Villar, Asalto, Chaquete, Dominó, Oca, Rocambor, Mediator, Hombre, Tresillo, Zángano, Báciga, Revesino, Malilla, Cientos, Solo, etcétera*, Piferrer (Barcelona, 1839).

D.V.A.: *Manual del jugador de tresillo*. Imprenta de Alejandro Gómez Fuentenebro (Madrid, 1845).

Francisco Baltasar de URÚBURU: *Tratado fundamental del tresillo*. Establecimiento tipográfico de la *Revista Mercantil* (Bilbao, 1883).

Claudio Nicasio MIGUEL Y RUIZ: *Libro del Tresillo*. Casa Provincial de la Caridad (Barcelona, 1891).

Pedro de VECIANA: *El tresillo: explicación clara, detallada y comprensiva de todas las suertes y peripecias que ocurren en tan ameno y difícil juego*. Taller de F. Sabater (Barcelona, 1900).

195. «HOMBRE: En el juego se dice el que entra la polla, para jugarsa solo contra los otros. Lat. *In ludo sic dicto cartharum pictarum præcipuas partes agens*» (*DA*).

196. «HACERSE *HOMBRE*: En el juego del hombre es lo mismo que entrar á la polla. Lat. *In ludo cartharum pictarum præcipuas partes agere*» (*DA*).

197. Soneto encontrado por Jean-Pierre ETIENVRE en la Biblioteca Nacional de Madrid (Mss/5913) y publicado en «El juego como lenguaje en la poesía de la Edad de Oro», en *Edad de Oro* IV. Universidad Autónoma de Madrid (Madrid, 1985), pp. 47-69. Etienvre califica este soneto como «verdadera joya de la erótica de la baraja», pero admite: «... he de confesar (¡desgraciadamente!) que no me resulta del todo claro el sentido de algunos versos» (Ibídem, p. 61).

La malilla, aunque deje de tenella
no perderá tanto, es lo que le ha entrado;
y si quiere elegir, porque ha robado,
él es la copa, y la malilla es ella.

Quien entrare a jugar, quien hombre fuere,
si de oros a triunfar no se dispone,
nunca ganar aquesta polla espere.

Carta de más, dinero no se pone
en esta mano; antes quien la diere
su basto encima, a la malilla pone[198]

Si una *polla* en manos de un aristócrata como el Conde de Villamediana[199] podía degenerar así, ¿qué no habría

---

198. Los palos o «manjares» de la baraja española son bastos, espadas, copas y oros. La «malilla» es un «Término del juego del hombre. La segunda carta del estuche, superior á todos menos á la espadilla, que del palo de oros y copas es el siete, y de bastos y espadas el dos» (*DA*). Por otro lado, «entrar» en el *Juego del Hombre* «es pretender jugar la polla, teniendo juego suficiente y runfla bastante para disputarla» (*DA*) y «robar» era «descartar algunas de las cartas que se han dado, tomando otras tantas de las que han quedado por repartir» (*DA*). Finalmente, «poner» «se toma assímismo por apostar» y «en el juego vale lo mismo que parar» (*DA*). La correcta comprensión del soneto supone atribuirle connotaciones eróticas a las expresiones «basto», «entrar» y «poner», así como jugar con el doble sentido de «malilla». Cuando «de oros el hombre no ha fallado» quiere decir que el hombre es rico; pero el verso «Éntrale el basto siempre a la doncella» no se refiere a la polla, porque la polla del soneto es la doncella. A saber, «POLLA: Por translación se llama la muchacha ó moza de poca edad y buen parecer» (*DA*). Sin embargo, en el verso «su basto encima, a la malilla pone», sí es lo que el lector está pensando.

199. Don Juan de Tassis y Peralta (Lisboa, 1582-Madrid, 1622), Conde de Villamediana, Correo Mayor del Reino, poeta, criptomante y tahúr, fue acuchillado en Madrid por un desconocido que nunca fue hallado. Pudo ser asesinado por orden del Rey, ya que coqueteaba con la Reina. Quizás fue emboscado por sus cómplices del pecado nefando, descubiertos más tarde por el Santo Oficio. Tal vez un marido cornudo y airado fue quien acabó con su vida. Aunque –en

hecho el vulgo canalla con las suyas? De aquellas *pollas* estas *pajas*.

Del *PAGELLAS DEPONERE* al *VOCABULARIUM VENERIS*

Jean-Pierre Etienvre ha demostrado que en la poesía del Siglo de Oro «se habla poquísimas veces, en realidad, *de* los naipes», pero se hablaba «muchísimas veces, en cambio, *con* los naipes»[200]. Aquel lenguaje figurado explotaba el doble y triple sentido de palabras como «meter», «doblar» y «sacar», que dentro del *Juego del Hombre* estaban siempre en función de la *polla*:

> METERSE. En el juego de la cascarela es ceder la polla, conviniéndose a reponerla antes de elegir palo (*DA*).

> DOBLAR LA PARADA. Phrase de los que juegan dados u otros juegos de envite, que vale poner cantidad doble de la que estaba puesta antes (*DA*).

> SACAR CARTAS. Juego en los náipes. Lo mismo que sacar pajas (*DA*).

Por lo tanto, si un jugador sacaba una carta de triunfo, podía meter la *polla* doblada y entonces exclamaba *¡Polla corrida, triunfo en mesa!*[201], porque en el *Juego del Hombre* no había nada

---

realidad– acaso fue despachado por cualquiera de la muchedumbre de escocidos que Villamediana denigró en sonetos y sainetes.

200. Jean-Pierre ETIENVRE: «El juego como lenguaje en la poesía de la Edad de Oro», en *Márgenes literarios del juego. Una poética del naipe, siglos XVI-XVIII*, Támesis Books Limited (Londres, 1990), p. 49.

201. En el tresillo la expresión se ha convertido en «¡Baza corrida, triunfo en mesa!».

mejor que sacar *una polla como una olla*[202]. De ahí los versos de Calderón que sirven de pórtico a nuestras pesquisas:

César el juego aprendió
y un día que le jugó,
teniendo basto, malilla,
punto cierto y espadilla,
la tal polla remetió.

La *polla* era tan omnipresente en el *Juego del Hombre*, que una expresión tan inofensiva como *El que falla y arrastra, se mete en la banasta* tenía una *polla* adentro, pues *fallar* «En el juego del hombre es tomar con triumpho el Rey ó carta de otro palo que uno salió jugando» (*DA*); *arrastrar* «En el juego del hombre es salir triumphando de las cartas superiores del palo que se ha elegido por el hombre, à que deben precisamente servir los demás que juegan con él, echando carta del mismo palo elegido» (*DA*), y *meterse en la banasta* era «Phrase familiar del juego del hombre con que se dá à entender que aquel que ha entrado á la polla, y no ha robado lo bastante para podérsela llevar probablemente, la dá por repuesta, metiéndose en baraja. Lat. *Lusorias pagellas deponere, & in reliquarum fasciculum immittere*» (*DA*). Y si *lusorias pagellas* era una baraja, parece razonable que una carta fuera una *paja*.

El *Tresillo* desterró la voz *polla* de su vocabulario, pero ella sigue remetida en frases propias del juego como «Antes puesta que codillo»; «Solo sin fallo, capallo» o «Antes codillo que sacada», porque *codillo* «En el juego del hombre se llama assí el perder la polla» (*DA*), por no hablar de lo que se saca, se capa

202. En el habla de los siglos XVI y XVII la «olla» –la comida, los manjares, la buena mesa– era sinónimo de plenitud y felicidad. Ya lo decía el refranero: «Después de Dios la olla, y lo demás es bambolla». Pero ¿y después de la olla?

o se pone[203]. Sin embargo, en el *Tresillo* la suma de todas las apuestas no es la *polla* sino el «pocillo», cariñoso diminutivo que sin duda proviene de *pozo*, que «En el juego de la cascarela es cierto número de pollas, que se vá separando, para que no exceda de ello lo que se juega en una mano, y se van jugando uno á uno, hasta apurarlos. El número es arbitrario, porque unos hacen los pozos de ocho pollas, otros de diez y seis ú como se convienen al ponerse á jugar» (*DA*).

Hace más de doscientos años que dejó de jugarse en España el *Juego del Hombre*, pero expresiones como «Ir a por todas», «Echar el resto», «Jugar todas las bazas» o «Aceptar el envite», continúan –como la *polla*– dentro del caletre de los españoles del siglo XXI. Por eso suscribimos los razonamientos de Jean-Pierre Etienvre: «Los juegos de naipes que sirven de funda mento a ese lenguaje figurado ya no forman parte de nuestra experiencia; pero dicho lenguaje aflora por doquier en unos textos que seguimos leyendo, y lo poco que hoy día sabemos de estos juegos procede esencialmente del uso metafórico de lo que fue un lenguaje práctico. Un lenguaje común, por cierto, que ha venido a ser un lenguaje perdido»[204].

La puntita

Los hispanohablantes de América Latina hemos conservado la original acepción castiza de la palabra polla, como apuesta, sorteo, lotería o quiniela; mientras que en España ya nadie

203. El *solo* «En el juego del hombre se llama la suerte, sin ayuda de robo, ni compañero. Lat. *Carthurum sors, sic vulgo dicta*» (*DA*).

204. Jean-Pierre ETIENVRE: «El juego como lenguaje en la poesía de la Edad de Oro»..., óp. cit., p. 67.

asocia la polla a las gallinas tiernas, los juegos de naipes o las doncellas en edad de merecer; porque una polla en España solo es –por culpa del *Juego del Hombre*– lo que se mete, se corre y se saca en el sentido más genital de la expresión[205].

Así, pensamos que hemos proporcionado indicios más que suficientes para suponer que el uso contemporáneo de la palabra polla proviene del *Juego del Hombre* y otros juegos de naipes de los siglos XVI y XVII, por lo que descartamos la teoría de la etimología latina –*polla, ex pollutio venit*– y sobre todo la hipótesis de la procedencia anglosajona, según la cual «polla» sería la traducción casi literal de *cock* [gallo], vulgarismo inglés de idénticas connotaciones venéreas y gallináceas. Pero no. La polla era una apuesta del siglo XVI, y Cervantes ya la metía doblada y la sacaba corrida en el *Quijote* y sus *Novelas Ejemplares*.

La mano hay que darla por perdida, don Miguel, pero después de cuatrocientos años hemos salvado la polla.

---

205. Con todo, no deja de llamar la atención que Camilo José Cela –tan minucioso como sicalíptico– no hubiera incluido una entrada para «polla» en su *Diccionario secreto* (Editorial Alfaguara, 2 vols. Madrid, 1968), a pesar de que Luis Besses sí la había recogido en 1905 en su *Diccionario de argot español ó lenguaje jergal gitano, delincuente profesional y popular* (Herederos de Manuel Soler, Barcelona), definiéndola como sustantivo plural –«Órganos genitales del hombre»– en la parte correspondiente al lenguaje usual proveniente del jergal (cito la edición facsímil del Servicio de Publicaciones de la Universidad de Cádiz, 1989, p. 133).

JVEGASE EL REYNO

DE SICILIA,

COMO POLLA;

AL JVEGO DEL HOMBRE.

REfriòſe en otro juego del Hombre, como ſe jugò Eſpaña, como Polla, por aver querido perturbar à nueſtro Rey, y Señor Don Phelipe Quinto (que Dios guarde) el derecho de juſticia con que la poſſee, y entraron en el juego cinco Perſonages Reales, como ſon, Don Phelipe Quinto, el Rey de Francia, Alemania, Saboya, y Portugal, y el Triunfo fue Oros; y como Phelipe Quinto era mano, entrò triunfando de Rey; Alemania atraveſò la Malilla; y Francia (Rey de ayuda) la cogiò con la Eſpada. Phelipe Quinto ahorcò al Rey de Baſtos, que le tenia Portugal; Francia, cogiò en vn renuncio al de Saboya; y como eran muchos los triunfos de Phelipe Quinto, la Polla ſiempre fue ſuya (ſin embargo de tantos diſcurſos, y intenciones, que como mirones, la malicia introduxo) y como

aſsi

Anónimo impreso por Domingo Leal en Ayones, año de 1718

APÉNDICE DOCUMENTAL

t

Primera, segunda, tercer, y quarta parte del Juego del Hombre en que juegan à españa como Polla entre los cinco Monarchas de la europa, que se comprehenden en este

Juego.

Haviendose puesto à jugar al Hombre esta Polla cinco Personas reales, como son Dn. Phelipe 5º el Rey de Francia, Alemania, Saboya, y Portugal: tomó la varaja el Rey de Francia, levantò Alemania: fuè mano Dn. Phelipe 5º y dijo: entro, ayudeme el Rey de espadas, y el triumpho es

Primera, segunda, tercera y cuarta parte del Juego del Hombre, en que [se] juegan a España como Polla los cinco monarcas de Europa que se comprenden en este Juego[207]

Habiéndose puesto a jugar al Hombre esta Polla cinco personas reales, como son Don Felipe V, el Rey de Francia[208], Alemania[209], Saboya[210] y Portugal[211], tomó la baraja el Rey de Francia, levantó Alemania, fue mano Don Felipe V y dijo: «Entro, ayúdeme el rey de espadas y el *triunfo*[212] es [f. 98v] oros». Ayuda Francia, triunfa Felipe V de rey, quiere levantar la baza

207. Manuscrito de la Biblioteca Nacional de Madrid (BN 10932). Probablemente se trate de un fragmento de un documento mayor, pues se cita un libro impreso en Colonia «en casa de Pedro Joseph Vray, año de 1703». Recrea una partida del Juego del Hombre entre los reyes más poderosos de Europa, quienes se disputan a «España como polla». Hemos paleografiado el texto, modernizando la puntuación, acentuación y en algunos casos la redacción, para que la lectura sea más sencilla.

208. Luis XIV.

209. Archiduque Leopoldo I, Emperador del Sacro Imperio Romano Germánico.

210. Víctor Amadeo, Rey de Cerdeña y Duque de Saboya.

211. Pedro II.

212. «En el juego de naipes se llama [triunfo] la carta del palo, que ha salido, è se ha elegido, para jugar dél, la qual es privilegiada y vence a qualquiera de los otros palos quando se juegan, y estando fallo, gana si echa una carta del Trium-

Alemania con la malilla, atraviesa Francia la espada y sale por bastos. Tiene el Rey de Portugal, Felipe V le *ahorca*[213] [y] vuelve a triunfar. Renunció Saboya porque quiere fallar al Rey de Espadas, lo cogen en él; pide Francia la baza y *renuncia*[214] Saboya, suelta la baza y paga el *renuncio*[215] y Felipe V se lleva la polla. Alemania se quedó sin hacer ninguna por haber metido la malilla, y aunque [f. 99] tenía el rey de copas, como nadie le hizo caso lo echó en mesa. Después de hechas las cinco bazas que metieron en la baraja, holandeses [e] ingleses se la llevaron y dijeron [que] se les había de pagar lo que habían puesto para ayudar [a] sacar la polla, pues [así se] los había asegurado Alemania al tiempo de ver las cartas. Tenían gran *contradicción*[216], [por]que la polla se la había de *llevar de codillo*[217] y que la habían de partir. Y por los triunfos que sacaron [f. 99v] vieron que ni aun haciéndola reponer, y más cuando se veía ahorcado el rey de bastos y a Saboya cogiéndole en el renuncio. Dijo el de Alemania que le parecía imposible que con los triunfos de Saboya –el rey de bastos y su rey de copas– pudiese perder [la polla]. [Le] respondieron los holandeses e ingleses: el rey de bastos por su

---

pho: entre las mismas cartas de triumpho hai también su mayoría: y assí la espada gana á la malilla, y esta al basto, y el basto al rey ó punto» (*DA*).

213. «AHORCAR: Figuradamente, y por ampliación se suele tomar por colgar à otro, aunque no sea por el pescuezo» (*DA*); «AHORCADOR: El que ahorca ò hace ahorcar. Es voz voluntaria y jocosa» (*DA*).

214. «RENUNCIAR: En los juegos de naipes es no servir al palo que se juega, teniendo carta dél» (*DA*).

215. «RENUNCIO: La falta en que se incurre en el juego de naipes, no sirviendo al palo que se juega. Este defecto tiene su pena, sea por malicia ù descuido» (*DA*).

216. «CONTRADICCIÓN: Repugnancia ú oposición a lo que se hace o dice» (*DA*).

217. «CODILLO: En el juego del hombre se llama assí el perder la polla el que la ha entrado, ganándosela alguno de los compañeros por haber hecho más bazas que qualquiera de los otros» (*DA*).

naturaleza es ahorcado [y] el de copas sí [y] solo [sí] Alemania tuviera de este palo. [Por lo tanto,] ¿cómo era posible [hacer Hombre] a ese rey? [f. 100] Y así ni por imaginación pudo nunca ser baza [ese rey]; conque la polla siempre fue de Felipe V, quien desde luego manifestó el derecho que tenía [sobre] ella, y más teniendo Francia la espada, que es el rey de ayuda. «Y así, venga el caudal que hemos puesto», que las cartas que nos aseguraron [que] ganarían, hemos visto que Alemania llevaba toda su esperanza en el rey de copas, y en esto fundaba sacar la Polla. Y se [f. 100v] ha reconocido, habiéndose jugado, que por ningún modo podía ser [así]. Y Alemania iba perdida y los que la ayudaban también. Los calvinistas –sin embargo– quieren mudar las cartas y dicen que el de Alemania tenía buen juego, porque si hubiera fallado el rey de espadas y se hubiera triunfado de menor a la mano del emperador, para que lograra su malilla y el rey de copas pasara, aunque ahorcaran al rey de bastos se ganaría la polla. Con esta esperanza en las cartas que suponen, la polla [f. 101] estaría en buen estado y por eso hay un libro que se intitula *Avisos para después de perdida la Polla*[218]. Y así estos con sus discursos fantásticos e ideas en el viento, se pueden ir por su pie a la casa de los orates para discurrir despacio, [por]que hasta ahora ningún loco ha discurrido en ser ganapán si no es Papa, Emperador o Rey. Y pues tienen la ocasión entre manos, de que cada uno en su casa puede hacer lo que quisiere, salgan con Beatitud, Alteza o Majestad mientras que Nuestro Rey [f. 101v] y Señor triunfa [sobre] sus enemigos, y como Azote de Dios castiga y consume a todos los herejes y mahometanos –enemigos de Nuestra Santa Fe Católica– dándole Nuestro Señor muchos años de vida, como la Cristiandad ha de menester.

En Colonia, en casa de Pedro Joseph Vray, año de 1703.

---

218. No he podido encontrar ningún rastro de la existencia de este impreso.

Segunda parte del Juego del Hombre entre los Soberanos de la Europa, sobre ganar la Polla de España. Decláranse los triunfos y cartas que tienen cada uno y los Mirones

Ya se dijo cómo jugaban al Hombre [f. 102] cinco soberanos. Ahora resta saber con qué cartas entró cada uno para llevarse la española polla y los lances que se jugaron, para entendimiento [de] los Aficionados y para confusión de los Apasionados. [Su] discreta batalla fue en esta forma:

De mano se hizo Hombre[219] Felipe V. Fue de oros y entró con rey, punto, dos, tres y cuatro, y el basto. Falló al rey de bastos con dos cartas de espadas, que aunque es juego arriesgado, haciendo el rey de ayuda es llevada la [f. 102v] polla.

Pidió el rey de espadas, [que] lo tenía Francia. Con la espada, como se sabe, Saboya tenía el cinco con el caballo de triunfo y las demás eran cartas falsas. Portugal estaba fallo, [pues] sólo tenía el rey de bastos y las demás cartas blancas[220] de todos [los] palos. Alemania, sota, seis y malilla, el rey de copas y otras

219. La expresión «de mano se hizo Hombre» quiere decir que ganó abriendo juego con las cartas que le tocaron, pues «MANO: Se llama también en el juego el primero en orden de los que juegan» (*DA*). Por otro lado, «Hacerse *hombre*: En el juego del hombre es lo mismo que entrar á la polla» (*DA*).

220. «Carta *blanca*: Se dice en el juego de los naipes quando no hai figura alguna entre todos los que se juntan en una mano» (*DA*).

figuras de poca monta. Estaban de *mirones*[221] Inglaterra y Holanda a las espaldas de Francia, y España y Baviera entre Alemania y Francia, mirando las cartas [f. 103] del uno y del otro. Viendo que se había hecho Hombre Felipe V y que le ayudaba Francia, hallándose con poco *resto*[222] los tres, [por si les dieran] codillo tirar la polla (pues sin resto delante entre Soldados no se tira), pidieron a los calvinistas les ayudasen con los suyos con [la] condición de partir la ganancia, pues era cuatro veces la [a] puesta. A [lo] que ellos, viendo la oposición que tenían, los tres les ayudaron con sus caudales a pérdida y ganancia, seguros [f. 103v] del codillo. Triunfaba de rey Felipe V para descubrir el juego donde estaba. Sirvieron, menos Portugal, que echó una carta falsa. Sirvió Saboya con el caballo y se quedó con el cinco. Atravesó la malilla Alemania (como se dijo), cogió con la espada Francia y luego jugó su rey de espadas. Fallole Saboya con el cinco; cubrió la baza y le dijo Francia: «Cuidado con el renuncio». Calló y jugó una carta de bastos. Falló Felipe Quinto con el cuatro, conque se quedó ahorcado Portugal con su rey. [f. 104] Arrastró luego de basto y prosiguió de punto; conque le sacó la sota y seis a Alemania. Luego dos y tres, conque hizo cinco bazas. Pero Francia, que estaba picado del renuncio, dijo: «Venga esa baza de espadas». Y se descubrió la polla [de Saboya], al cual se le hizo pagar por la *morisqueta*[223] de haber

221. «MIRÓN: … A las casas de juego van los hombres con tres fines, unos á jugar, otros á entretenerse y otros á que les den barato. A los últimos llaman *Mirones*» (*DA*).

222. «RESTO: En los juegos de envite, es aquella cantidad que separa el jugador del demás dinero para jugar y envidar» (*DA*).

223. En el habla hispanoamericana una morisqueta es una mueca, pero en el contexto del documento se trata de un amago de engaño. «MORISQUETA: El ardid o treta propia de los Moros: lo que por traslación se dice de qualquier acción con que se pretende engañar, ó burlar ú despreciar à otro» (*DA*).

servido al primer arrastre con el caballo, quedándose con el cinco, uno de los triunfos más bajos.

Viendo que se tiró la polla, Felipe V [le] pasó [la] cuestión [a] Alemania, [y entonces] sa[f. 104v]caron la cara los calvinos como interesados, y poniéndose a disputarla después de perdida (que es el consuelo de todos los tahúres) decían: «Si jugara [una] carta falsa Felipe V se le falla al rey de espadas con el seis. Alemania, luego, haría su rey de copas, que es un rey que siempre pasa (aunque es verdad que estaba fallo de este palo el Hombre), pero gastaría un triunfo. Y triunfando de menor lograría sus malillas al arrastre del punto, [des]pués de haber ahorcado al rey de bastos».

«Mas con todo [f. 105] no harían más de tres bazas», dijo Baviera. «La malilla, el renuncio y el rey de copas –caso de soltarle el Hombre por darles con la entretenida– y así Dios ve las trampas. ¡La polla está bien jugada! Luego, ¿acaso es *menor de edad*[224] Felipe V, que a mano y seis triunfos de tres iguales no había de triunfar de uno? El juego a mí me gustó y yo me hiciera lo mismo».

A que le dijo Alemania: «Parece que os va a vos parte de la polla».

«No me va más que defender las Leyes del Juego [respondió Baviera], porque el rey y [f. 105v] el punto ¿cómo se los podían quitar? Yo hubiera arrastrado de basto lo primero, para obligar a la malilla a que saliera, por si estaba sola, [por]que un arrastre de mano desbarata mucho juego. Y aunque no tuviera la espada Francia, haciendo su rey se llevaba la polla, porque de seis triunfos había [que] hacer los tres: el rey de espadas y el

224. «MENOR DE EDAD: La edad en que el menor no puede gobernar ni disponer de su hacienda» (*DA*).

cuatro, conque falló al rey de bastos, que son las cinco bazas. Y si no, *vuelvan a la mano*[225] y lo verán».

«Pero yo he de tener cuidado con los renuncios» –dijo Alemania– «Ya estoy [f. 106] picado, prosiga el juego».

Pero los calvinistas dijeron: «Múdese [la] baraja y veremos si se trueca la suerte; pues ¿quién habría de jugar, [si] con tres triunfos de malilla y dos reyes –[por] lo menos– no se había de reponer la polla? Para que nos quedara esperanza [para] ganarla, [por]que eso nos hizo poner nuestros Restos».

Dijo Alemania: «No todas se las han de llevar, [pues] algunas hemos de sacar nosotros. Esas son de poca importancia para lo que tenemos puesto. ¿Y cuándo se repondrá otra Polla como esta?».

Ya Felipe V [f. 106v] ha conocido [a] la flor de los tahúres y no habrá mano [en] que no la entre y con menos triunfos se llevará cualquier polla.

«Si ha de proseguir el juego, yo entraré» –dijo Baviera– «y salga Saboya, pues ya le han conocido la flaqueza de fallar los reyes».

Levantose Saboya enfadado; entró Baviera –al cual le hacía Alemania algunas señas– pero él se dio por desentendido, mirando sólo a sus cartas. Baviera se llevó algunas manos, no muy malas; Francia una razonable; Felipe [f. 107] V se defendía lo bastante. Sólo el Rey de Portugal no podía entrar ninguna, porque no le daban carta de provecho. Alemania hacía contraposición a todas las pollas y algunas hacía [como] respuestas, pero luego se las llevaban alguno de los tres. Los calvinos, siempre con la esperanza de que darían algún codillo, con su

225. La expresión «vuelvan a la mano» alude a las cartas que se repartieron al comienzo del juego. «VOLVER: Se toma asimismo por poner ú constituir nuevamente á alguno, u á alguna cosa en el estado, que antes tenía» (*DA*).

resto puesto para tirar su parte. Todos procuraban verse unos a otros las cartas, pero Francia las guardaba de todos y aún de los Mirones, porque no hiciesen señas a sus Apasionados, que [f. 107v] también en eso hay mucha malicia. Pero [Felipe V] a todos se las entiende, pasando con la espada las más de las veces, porque en el juego del *cinqueño*[226] pasa y vuelve. Aunque conocen, *juegan al mohino*[227]. Francia y Felipe V *van horros*[228] de sus restos, y gane el que ganare, el juego queda entendido. Y me parece que no se levantarán [ni] unos ni otros, hasta [que se] queden sin restos, pero Felipe V y Francia no entran sino con buenas cartas. Y cuando entra Baviera, uno u otro le ayudan, conque podemos esperar buen *barato*[229]. [f. 108] Y así roguemos a Dios que ganen los tres, y queda en este estado el Juego del Hombre de la Europa Nuestra.

Como se fueren jugando las manos se irán declarando.

---

226. «CINQUEÑO: Juego del Hombre entre cinco» (*DRAE*).

227. Jugar al mohino significa que varios jugadores se conjuran contra otro. «MOHINO: En el juego se llama aquél contra quien van los demás que juegan» (*DA*).

228. «Ir *horro*: Phrase que más regularmente se usa en el juego, y es quando tres o quatro están jugando, y dos hacen el partido de no tirar en los envites la parte que el otro tuviesse puesta si perdiese, lo qual se pacta antes de ver las cartas» (*DA*).

229. «BARATO: La porción de dinero que dá graciosamente el tahúr o jugador á los mirones, ó á las personas que le han servido en el juego» (*DA*).

Tercera parte del Juego del Hombre entre los Personajes de la Europa, sobre otra mano nueva y que se pague el renuncio hecho

Prosiguiendo con el Juego del Hombre entre los cinco Personajes que está dicho, y también con qué cartas y lances gana la polla el Rey de España –ayudándole en Rey de Francia–, resta saber [108v] cómo habiendo pedido este soberano, que parase el Duque de Saboya el renuncio que acababa de hacer –pues así era justo, según Leyes estatuidas del Juego– el de Saboya no se quiso excusar a ello [y] por decir[lo] cometió el renuncio, sin reparar y no de malicia. Sobre si ha de ser o no [renuncio], teníase discordia, y por obviarla se propuso que lo dijesen y sentenciasen los de afuera. Convino en ello el Rey de Francia, con calidad de que –pues[to que] había bastantes mirones– lo juzgasen los venecianos y genoveses, que [a]demás de ser [f. 109] muy inteligentes han *estado en balanzas*[230]; y no los ingleses y holandeses, que eran declarados Apasionados: Y asimismo quedaron excluidos del voto españoles, alemanes, franceses, portugueses y saboyardos. Convinieron en esto todos y se retiraron Venecia y Génova a discurrir sobre ello. En el ínterin propuso Saboya se jugase otra manecilla, por no estarse ocioso.

---

230. «Estar en balanza» o «ser balanza» significaba ser justo. «BALANZA: Metaphóricamente vale igualdad, rectitud, equilibrio» (*DA*).

«Vaya *norabuena*[231]», dijo el Emperador.

Y al Rey de España, que había sido mano en la antecedente, le tocó dar el naipe: [f. 109v], siendo de advertir que la forma en que estaban sentados era esta: el Rey de España estaba en la cabecera de la mesa. Junto a España, en una esquina, el Rey de Portugal. Seguíale en el plano de la mesa el Emperador. Y después, a los pies, frontero del Rey de España estaba el Duque de Saboya. Y en el otro plano de la mesa el Rey de Francia, haciendo frente al Emperador. Mientras barajaba las cartas el Rey de España, llamó el Rey de Francia por señas a un honradísimo y esforzado *monsieur*; (f. 110) y al oído le dijo:

«Yo sé ciertamente que Venecia y Génova han de sentenciar sobre el renuncio al Duque de Saboya. Presumo que sobre ello, aunque contra razón, [Saboya] se ha de descomponer. Y así, para que se refrene, ve, que en el Paraje donde el Rey de España y yo pusimos las armas cuando nos sentamos a jugar, arrimó [Saboya] las suyas. Quítaselas y ponlas a buen recaudo, que de ese género podrá ser venirse a buenas».

El *monsieur* se fue y lo ejecutó como le fue ordenado. Acabó de barajar [f. 110v] España; cortó el naipe Francia y repartiéronse las cartas, mirándolas con bravo *brujuleo*[232]. Y el Rey de Portugal, que era mano y estaba aturdido con el suceso de la polla antecedente y el infausto fin de su rey de bastos, dijo muy macilento: «paso». Es de advertir [que] tenía dos cartas bajas de cada palo, que es el peor naipe en el juego del cinquillo, pues con ellas no puede entrar ni salir en nada. El Emperador pasó asimismo y tenía ahora también el rey de copas, que sin

231. Norabuena era lo mismo que enhorabuena, pero sobre todo para decir «esto y mucho más merece el dinero» (*DA*).

232. «BRUXULEAR: Mirar y acechar con cuidado; y en los juegos de naipes es ir el jugador descubriendo poco à poco las cartas, y por la pinta conocer de qué palo es» (*DA*).

duda lo tiene alquilado [f. 111] o es vicio. Con [el rey de copas] tenía otras cartas de mediana suposición, que suele hacer sus caravanas en las manos que se ofrecen.

El Duque de Saboya, que *estaba de picadillo*[233] y muy tocado de la codicia dijo: «Entro, si no hay quien vaya solo».

Tenía cinco triunfos de bastos, caballo, siete, seis y cinco de espadas, fallo a bastos, una carta de copas y dos bajas de oros. El Rey de Francia se hallaba con bastante juego para arrojarse solo con tan tenues jugadores; pero con arqueadas de cejas y otras claras señales, conocieron [f. 111v] los mirones [que] daba a entender [que] le sabía mejor un *bocado de codillo repartido* con España[234], que llevárselo todo solo. Permitió que entrase y el Rey de España también le dio licencia, con lo que dijo Saboya: «Ayúdeme el rey: copas a bastos; digo, ¡a espadas!». Turbose, y apenas lo había pronunciado, cuando dijo el Rey de Francia: «Bastos es triunfo, ¡juegue la mano!».

«¡[Me] equivoqué, que yo no quise decir sino espadas!» –exclamó Saboya– «Y lo demás es rigor, que yo estoy fallo y no es razón [que] pierda mis espadas». [f. 112]

«La boca hace juego» –advirtieron todos– y así bastos se debe jugar».

Cuando los ingleses y holandeses [que] estaban pendientes de esto, vieron la equivocación, impacientes dijeron: «Vamos de aquí, que a este príncipe hasta su propia lengua [se] pronuncia contra él. Ya [no] tenemos que esperar». Y marcharon a otro clima con su velamen.

233. «Estar ò venir de picadillo: Phrase con que se dá a entender, que alguno viene enfadado, y deseoso de que se ofrezca la más leve ocasión, para dar á entender su sentimiento» (*DA*).

234. Quiere decir que prefería compartir las ganancias del juego.

El Emperador tenía el rey perdido, la malilla de bastos sin guarda y dos caballos –el de copas y el de oros– guardados, [con los] que fundaba poder introducir alguna grande ayuda a Saboya. [f. 112v]

El Rey de España tenía espada y el rey del triunfo, buenas cartas, y fallo a oros. Francia se hallaba con cuatro cartas de oros con el rey, también el rey de espadas –que no se le cae de la mano–, fallo a copas y la sota de bastos sola. Salió jugando de mano el Rey de Portugal [con] una carta baja de copas (que esto sólo pudo hacer en su favor, aunque mal jugado, para que desde luego se supiese quién ayudaba). Echó el rey de copas el Emperador, sirvió Saboya con su carta sola del palo y falló Francia [f. 113] con la sota de bastos, conque este Rey murió, sino ahorcado, a garrotazo como zorro. Cogió [Francia] la baza y jugó el rey de oros. España estaba fallo y alargó con otra carta. Sirvieron los demás, conque hizo dos bazas. Volvió a jugar Francia el rey de espadas –que se hizo [Hombre]– y con él sentó tres bazas. Salió por segunda de oros –que [era] el fallo del Rey de España– y previniendo éste que los caballos de oros, espadas y copas no habían salido y que [con] ellos tendría [f. 113v] alguna esperanza y aún señalada ocasión para abalanzarse con ellos, atravesó así –*a la deshilada*[235]– el rey del triunfo y cogió la baza instantáneamente, sin darles lugar a retirada. Triunfó de espadas, [le] sacó a Saboya el basto, *vomitó*[236] el Emperador la malilla e hicieron entre España y Francia cinco primeras de codillo. El Emperador perdió sus esperanzados caballos [y] Saboya la paciencia, viendo que la ayuda del em-

235. «A *la deshilada*: Phrase adverbial, con que se significa el modo de marchar sin orden, con alguna aparente disimulación, como quien lleva fin distinto del que aparece» (*DA*).

236. Quiere decir que el Emperador tuvo que revelar su carta escondida. Ver «VOMITAR: Vale también descubrir lo que se estaba secreto» (*DA*).

perador se había [f. 114] perdido en la mano sin servirle de nada cuando juzgó la polla en casa. Y entrambos, con fieros entripados, empezaron a brincar de coraje. Y para que sobre las hojuelas cayese la miel, al mismo tiempo llegaron Venecia y Génova diciendo a grandes voces:

«El punto del renuncio de Saboya ha fenecido, promulgando sentencia sin apelación de que lo pague [al] contado, pues según [las] leyes del naipe, el que lo hace lo debe pagar, sin pasar a in [f. 114v] vestigar si fue sin advertencia o sin reparo. Además de que nosotros –que no hemos hecho [otra] cosa sino mirar el juego desde afuera– sabemos de conocido no sólo que el renuncio fue malicioso y con codicia en perjuicio de todos, aun [contra] los que no jugamos, sino es que los tres personajes –el Emperador, Portugal y Saboya– junto con los tahúres que les dan caudales y barajas, que son ingleses y holandeses, todos van a una y de mano armada han usado cuantas fullerías han podido imaginar en el juego, como lo hemos visto y experimentado [f. 115], faltando cada uno de los tres a sus reales obligaciones, que *esos*[237] herejes no las tienen. Por lo cual, [los] juzgamos indignos de jugar con los monarcas más regios y formales, que son los de España y Francia».

«Nos alegramos de oíros» –dijeron los dos monarcas–. «Y sabed que no ignoramos todas las falacias de [las] que estos personajes se han valido, porque entendemos de todas máximas. Aunque no las usemos [lo] hemos disimulado hasta aquí, porque no padeciese su punto tanto borrón; pero ya que son pocos [f. 115v] no hay razón para más tolerancia. ¡Sépalo el mundo todo! Nosotros tenemos en nuestro poder lo que han querido jugar, no hay que arrendarles la ganancia. El renuncio lo pagará muy pagado Saboya; Portugal –por jugar con diver-

237. En el original «esotros».

sas cartas– se quedará sin nada; el Emperador, ¡Dios le libre de cuanto le amenaza! Los ingleses y holandeses se quedarán para quien son y veremos cómo o cuándo recobran lo gastado. Y desde luego, a todos ellos se les despide por indignos de poder jugar [f. 116] con nosotros el Real Juego del Hombre. Y en adelante no hemos de tener con ellos otra diversión que la del *Juego del Abejón*[238], donde entre crueles zumbidos que les confundan los oídos por uno y otro lado (confianza en Dios) han de llevar bravos *lapos*[239].

Al oír estas pesadas razones, quiso Saboya echar mano a sus armas y se halló sin ellas. El Emperador se vio cortadas las piernas y atropellado y perdido a su General Visconti. Portugal, hecho una mermelada. Los ingleses y holandeses no [a]parecían, [y] sólo se encontraban a cada paso repetidos vejámenes sobre sus falsos procederes. Los Reyes de España y Francia, viendo semejantes figuras de matachines, resolvieron a lo dicho no jugar más con ellos al Hombre sino al Abejón, conforme donde resonaren los zumbidos, para que sea noticioso a todos los [f. 117] curiosos.

---

238. «Juego del *abejón*: Llámase assí el juego de que usa la gente rústica por entretenimiento, y se executa entre tres personas puestas en hilera. El que está en medio abierto de piernas, y juntas las manos, moviéndose a un lado y otro, hace un ruido con la boca al modo del abejón: amaga à uno de los dos que están à los lados, que le esperan con un brazo levantado, y la mano del otro puesta en la mexilla, y dá al que se decuida un golpe en la mano que tiene puesta en el carrillo: y si no hurta, y aparta tan presto el cuerpo, recibe otro del que le está esperando» (*DA*).

239. «Lapo. De or. inc. 1. m. bofetada. ||2. m. trago (porción de líquido que se bebe de una vez). || 3. m. coloq. Cintarazo, latigazo, bastonazo o varazo. || 4. m. coloq. escupitajo» (*DRAE*). En el habla peruana contemporánea, un «lapo» es un golpe con la mano.

Cuarta parte del Juego del Hombre, hablando con el ingenio de la primera y tercera y el de la segunda; salvando la objeción: si es justo el intento de este significado

Muy Señor mío: he visto la tercera parte del Juego del Hombre, y de la primera y segunda parte no han faltado críticos que hayan censurado si [está] bien visto que en juego de naipes se traigan tan soberanos sujetos, a quienes satisfago diciendo que esto es un modo de paráfrasis o metamorfosis, para sig [f. 117v] nificar los dictámenes de estos héroes debajo de estas paradojas y para diversión de los animosos, así amantes como extraños. A éstos, dándoles a entender la justificación de nuestro católico monarca y el *desatentado*[240] de todos los *coligados*[241], siendo en tales tiempos una sabrosa vianda con que se engañan las melancólicas menestras que nos guisan los mal intencionados en la cocina de sus disparates. Y así no se toma el hecho por las personas que se representan, sino por el entendimiento que lo discurre. [f. 118] Y venerando a todos, menos a los herejes, porque yo soy católico romano –*hecho a esta salva*[242]– prosigo suponiendo que el Juego del Hombre es el verdadero y real, y que lo juegan los monarcas por uno de los entretenimientos más idóneos de su soberanía, pues es una lid donde son permitidas las astucias y ardides que en sí permite la milicia. Esto supuesto, digo: que tiene mucha razón Vuestra

240. «DESATENTADO: Lo assí turbado y privado de tiento y sentido» (*DA*).

241. «COLIGADO: Aliado, confederado» (*DA*).

242. «Hacer la *salva*: Vale assimismo pedir la vénia, permisso, y licencia para hablar, contradecir ò representar alguna cosa» (*DA*).

Majestad el poner todo el *conato*[243] en el renuncio, pues por aquella jugada se podía esperar la [f. 118v] polla, a pique de perderse si fuera posible. Y bien podría considerar Saboya que la tiene dos veces puesta y que sobre ellas es el punto de este juego, y que es delito muy grande el renuncio, aun hablando literalmente. Y aun renunciando inadvertido se deben de pagar todos los daños y reponer la polla, aunque la tiene el que *la entró*[244].

No se ha jugado mano tan cauta en cuantas de juego hay en el orbe. El caso es que dio con buenos tahúres, que no atendiendo a cautelas obran con la gran [f. 119] deza de quien son, sin hacer caso y sólo atienden á jugar con realidad, como lo manda la justicia. Y así sentencian bien los venecianos y genoveses en que pague el renuncio y quede expuesto a los daños sin admitirle excusas, pues [de] no haberle cogido en la falla se ponía [en] peligro la mejor Polla y más pretendiendo hacerse Hombre. Y de espadas, con ayuda del rey de copas y otros mirones.

Pero yo, con licencia de Vuestra Majestad he de proseguir el juego que dejé entablado, [f. 119v] aunque vengo en que de aquí [en] adelante jueguen al abejón, justo mérito a quien no juegue con legalidad. Y sin apartarme del asunto digo que en tanto de las barajadas, dimes y diretes sobre el renuncio, Baviera se hizo Hombre como dije. Entró en lugar de Saboya (que no es el de menos esencia en este juego) [y] fue de copas con los mismos triunfos de basto, punto, rey, dos, tres y cuatro.

---

243. «CONATO: Esfuerzo, empeño, aplicación y cuidado grande en la execución de alguna cosa» (*DA*).

244. «ENTRAR: En el juego de los naipes ò cartas, es pretender jugar la polla, teniendo juego suficiente y runfla bastante para disputarla, ò por sí solo contra los demás que juegan, o acompañado con otro, según la calidad y diferencia de los juegos» (*DA*).

Pidió el propio rey de espadas. Esta [carta] la tenía Felipe V, pero se hallaban interpolados en el lugar de Saboya y así lo cogían [f. 120] atravesado. Portugal era mano, y como veía que a Saboya le habían cogido dijo: «Paso, que aunque estoy fallo de un palo, no quiero que me suceda lo que al Piamontés».

Entró Baviera, aunque quiso ir solo por tener los seis triunfos y dos fallos; pero no se atrevió sin ayuda. Dejáronle entrar, juzgando darle codillo, porque a Portugal le animan los calvinos diciendo que no lo dejase por resto, y que teniendo cartas de entrada podía *poner la polla en contingencia*[245]. Hallábase con el rey de oros [f. 120 v] y el de bastos, pero no quiso ponerlos al riesgo que se los fallasen. No obstante, jugó el de bastos, mas le falló España. Triunfó de menor [y] puso el basto Baviera por conocer que era su compañero. Atravesó la malilla Alemania, que la tenía sola. Dejáronsela hacer. Jugó carta de oros e hízole Portugal, que fue milagro. Jugó copas e hicieron el Rey. Y viéndose con tres bazas, el Emperador le dijo al Archiduque –que estaba de Mirón– «Paso a Dusseldorf, que esta polla ya está segura, que aquí a mi lado te tengo por azar».

Fuése, de lo cual [f. 121] se alegraron los calvinos, para en caso si perdían la polla, *hacer prenda*[246] de él hasta cobrar sus restos. Jugó una carta de espadas Alemania. Hizo el Rey España, que era el que ayudaba. Levantó y arrastró de espada. [Le

245. Aunque en el siglo XVIII una «contingencia» era lo mismo que en nuestros días –«lance, ocasión y caso que puede ser ò no ser» (*DA*) o «posibilidad de que algo suceda o no suceda» (*DRAE*)–, la expresión *poner la polla en contingencia* debía ser una frase hecha porque la encontramos tal cual en un poema del maestro Manuel de León Marchante: «Pedro, por triunfar de espada, / à la polla en contingencia / puso; cantole otro gallo, / si no la polla perdiera» en Manuel de LEÓN MARCHANTE: *Obras poéticas posthumas*, Gabriel del Barrio impresor (Madrid, 1722), p. 454.

246. «Hacer *prenda*: Phrase que significa retener en su poder alguna alhaja ù otra cosa, hasta satisfacerse de alguna deuda, o lograr algún fin» (*DA*).

sacó] los triunfos á los contrarios, que fueron caballo y sota, y le quedaban a Baviera los demás firmes, con que se tendió en la mesa por cinco bazas, porque España tenía los demás triunfos que le faltaban a Baviera.

Ahora dicen, «Si jugó bien Baviera, ¿por qué había de atravesar el basto, pudiendo [f. 121 v] ser el rey?».

A lo cual dijo: «Yo bien pudiera hacérselo, pero no quiero que digan los mirones que jugué de confiado, pues aunque me cogieran el basto, me quedaban el punto y [el] rey firmes. Y más teniendo mi compañero la espada y el rey conque me ayudaba –que son matadores–, que cada y cuando me quiera hacer Hombre lo conseguiré. Y según dicen [las] malas lenguas (que no lo creo), bien pudiera estar yo en otro asiento, si no fuera por jugadores apasionados. Mas Dios hace justicia a todos y de [f. 122] aquellos polvos [XX]».

Llevóse la mano Baviera, yendo horro con Francia y España. Viendo los herejes que no pueden llevarse mano sus aliados, quieren ellos tomar otra baraja y poner otra mesa y entran en el juego al Archiduque, con esperanza de que se hará Hombre. Pero sus *milordes*[247] no llevan bien tal juego, pues parece cosa de juego quererse hacer Hombre sin cartas, nomás de que porque vio que Saboya renunció y quiso también hacerse Hombre como los demás del juego. A cuya [f. 122 v] mesa no han querido asistir (ni aún de mirones) los demás soberanos de la Europa. Sólo Módena y otros de poca monta, para servir de testigos a su pérdida. Esto es, que le han llenado la cabeza de viento. Y como tahúr bisoño lo van empeñando para cogerlo (como he dicho) por prenda, pues dice: «A el as de oros, no jueguen bobos».

---

247. Plural castellanizado del inglés *milord*.

Y el caso es que las barajas que echan (como les cuestan su dinero) son falsas. Y si no se las conocen sus aliados se han de clavar, porque ellos son grandísimos fulleros [f. 123] y por armar una trampa darán un vuelco en un infierno. Y si no, mirad cómo no han querido sentarse a la mesa a jugar, pues más quieren ellos estar de mirones que exponerse a que les den algún codillo, que no los dejen para Hombres. Y más quieren ayudar con algo que exponerlo todo, que al fin de los pasos sacarán el coste de sus barajas y no que no va en lágrimas.

Volviendo al renuncio, que es el que tiene en suspensión a toda la Europa por ser una jugada tan sin entendimiento que no [f. 123 v] discurren qué idea llevará, teniendo prendas tan soberanas en empeño y que no puede haberlas esmaltado con más ricos diamantes, ni púrpura para eternizarse, pues el otro jugador de La Mancha[248] que va a salir desde su casa para ir a jugar con los herejes que le han de armar más trampas que tiene puntos una baraja. Portugal le aguarda como a su Mesías, sin atender que se le han de volver como Anticristo, y si no miren qué predicadores lleva al lado ¡Para convertir al mar! [f. 124].

No obstante, mucho le ha desbaratado la cogida del renuncio, que es donde tenía la esperanza, que por eso pasaba todas las manos sin atreverse aun a pedir ayuda, porque no le hiciesen otro renuncio y le dieron codillo. Y en tanto que se juzga la mano o no se juzga, le tirarán el resto y después pleito por menos.

---

248. Posible alusión al *Quijote* de Miguel de Cervantes, que no había vuelto a ser reimpreso en España desde 1617, cuando apareció la cuarta edición barcelonesa que unió por primera vez las dos partes de la obra. Esta mención se habría adelantado a la quinta edición en castellano de Tonson (Londres, 1738) y a las entradas relativas al Quijote en el *DA*. A saber, «QUIXOTADA: f.f. La acción ridículamente seria, ó el empeño fuera de propósito. Tomose de las acciones de D. Quixote» (*DA*); «QUIXOTE: f.m. Se llama al hombre ridículamente serio, ó empeñado en lo que no le toca. Lat. *Ridiculus homo*» (*DA*) y «QUIXOTERÍA: f.f. El modo ú porte ridículo de proceder, ó empeñarse alguno» (*DA*).

Mucho ha alborotado este renuncio y –habiendo encendido más el juego– quedan todos picados. Y me parece se [f. 124 v] despicarán al abejón. Esperemos los zumbidos y entonces veremos quién lleva más sopapos, para darlos nosotros a los apasionados a mano abierta. Para que suene y duela. Y pidamos la paz, que es el solo que todo lo ha de arrastrar, para que participemos todos del barato, que esto es lo que más conviene [f. 125].

EPÍLOGO

LA LENGUA PATERNA

Uno

Todos entendemos que la lengua materna es el primer idioma y que no es comparable al concepto de lengua nativa o lengua adquirida, porque al unirla a la figura de la madre queda preservado su valor. Sin embargo, estamos ante una de esas expresiones que el tiempo y los sentimientos ponen en entredicho. Pienso –por ejemplo– en la palabra «patria», que significa la tierra de los padres, y que no existe ninguna otra voz que defina a la tierra de los hijos, tan o más esencial y entrañable que la otra. Así, con el concepto de «lengua materna» ocurre lo mismo y nadie ha considerado jamás que se trate de un caso de sexismo o discriminación.

Dos

A mediados de los noventa descubrí en Sevilla que mi padre hablaba japonés, porque lo llevé a casa del profesor Reiji Nagakawa, traductor de Shakespeare y Joyce al *nihon-go*, quien me confesó conmovido que el japonés de mi padre era el antiguo dialecto de Hiroshima, una lengua feudal y extinguida. Para Reiji, conversar con mi padre fue como viajar al pasado o como conversar con el personaje de alguna obra clásica del teatro japonés. Algo parecido le sucedió a una amiga chilena, a cuyo padre visitaban en Santiago las compañías rusas de teatro, porque el padre de mi amiga –ruso blanco armenio– había huido de la revolución y su lengua no había sufrido las amputaciones fonéticas que Stalin impuso a través de la normalización lingüística soviética. Hasta que el padre de mi amiga falleció, los actores rusos peregrinaban hacia Chile, tan solo por el placer de oír hablar a un personaje vivo de Chéjov.

Tres

Antiguamente, cuando ambos padres hablaban lenguas distintas, uno de los dos renunciaba a enseñar la suya para que la integración social de los hijos fuera mejor. El español de mi abuela paterna provenía de una de las fronteras culturales con el quechua y mi abuelo paterno era un inmigrante japonés. La lengua materna de mi padre fue el español, pero su lengua paterna –la de los juegos, los cuentos y los cariños– fue aquel japonés que nunca me enseñó y que siempre negó conocer hasta que escuché cómo lo hablaba en un corral de vecinos de Triana. ¿Por qué jamás nos quiso enseñar su lengua paterna?

Cuatro

Mi abuelo nació en Hiroshima en 1878 y murió en Lima en 1942. Ignoro las circunstancias exactas de su muerte, porque mi padre nunca quiso hablar del asunto y quienes podrían decirme algo más concreto fallecieron hace años. Por mi tío Lucho supe que pertenecía a una familia de militares disidentes de la Restauración Meiji, que vivió en París hasta que la apertura de embajadas japonesas en Europa lo obligó a exiliarse de nuevo y que padeció la persecución xenófoba que se desató en Lima durante los años de la Segunda Guerra Mundial. Cuando Reiji Nagakawa supo que mi abuelo había sido un exiliado político de la Restauración Meiji, me exhortó a investigar sobre su vida sin saber que en realidad me estaba hechizando para que escribiera una novela. Desde entonces reúno los fragmentos dispersos de su vida para poder inventarla mejor.

Cinco

Mis amigos escritores Mario Bellatin, Ray Loriga y Santiago Roncagliolo han escrito libros estupendos inspirados en sus vivencias japonesas. Siento sana envidia por la frescura de sus miradas, porque para ellos lo japonés era algo ajeno y que no obstante consiguieron asimilar. Sin embargo, a mí me ocurre una cosa muy distinta, porque yo contemplo las cosas del Japón esperando reconocer un destello, una contraseña o un reflejo que avive y despierte mi alma dormida. Me encantaría conseguirlo entre las hermosas penumbras del umbrío *Elogio de la sombra* de Tanizaki, pero hasta ahora solo he conectado de maravilla con el humor pánida de Yasutaka Tsutsui.

Seis

El Japón que me interesa y que más le concierne a mi abuelo es el de fines del siglo xix y comienzos de siglo xx, y para comprenderlo mejor leo tanto a los escritores japoneses como las obras de ciertos autores occidentales fascinados por lo japonés. Así, de Pierre Loti he leído *El Japón* y *Madama Crisantemo*; del guatemalteco Enrique Gómez Carrillo *El alma japonesa*, *Por tierras lejanas* y *De Marsella a Tokio*, y de Juan Lucena de los Ríos su rarísimo *El imperio del sol naciente*. El hombre que fue mi abuelo pudo cruzarse con cualquiera de aquellos escritores en Japón e incluso en París. ¿Y si el escritor Ventura García Calderón fue quien le habló del Perú? Después de todo, Ventura fue retratado por Foujita y Foujita visitó a mi abuelo en Lima. Según mi tío Lucho, Foujita pagó en la Casa Suetomi su salario de una semana, para que el abuelo lo llevara a pintar los gatos de los Barrios Altos. Era 1932 y mi padre debía tener tres años.

Siete

De todos los escritores occidentales hechizados por el Japón, siento una predilección especial por Lafcadio Hearn, quien escribió diversos libros que fueron decisivos para el conocimiento de la cultura japonesa en Occidente. Hearn fue traducido al español por Espasa-Calpe y por eso considero verdaderos tesoros mis primeras ediciones de *El romance de la vía láctea* y sobre todo *Kwaidan*, una colección de relatos de fantasmas. En los últimos años, Lafcadio Hearn ha sido reeditado con primor y así contamos con títulos como *En el país de los dioses* (Acantilado), *El niño que dibujaba gatos* (Ediciones del Viento), *Fantasmas de la China y del Japón* (Espuela de Plata) y *Kwaidan* (Siruela). La mirada de Hearn es la que mejor dibuja los paisajes cotidianos donde entreveo a mi abuelo y gracias a sus libros puedo figurarme a mi padre niño, escuchando aterrado aquellas historias fantasmagóricas que el *chichi* le contaría con el mismo laconismo exquisito de los *Kwaidan* de Lafcadio Hearn.

Ocho

Uno de los edificios más curiosos de París se encuentra en la esquina de Babylone con Monsieur. Se trata de una casa japonesa que el propietario del almacén Le Bon Marché le encargó construir al arquitecto Alexandre Marcel en 1896. ¿Qué pensarían los primeros japoneses que vivieron en París cuando la descubrieron? No podemos saber si la encontraron realmente convincente, mas sí apostaría que la estatua que Auguste Rodin le dedicó a Balzac tuvo que parecerles totalmente japonesa. En mi novela, los japoneses de París discutirán sobre estas cosas en la floristería que el señor Hata tenía en el Boulevard Delessert, donde imagino reunidos a la actriz *Madame* Sadayakko, al escritor Yoshio Markino, al pintor Tsuguharu Foujita y a mi abuelo Ariichi Iwasaki.

Nueve

Debería haber leído una conferencia humorística y en cambio estoy dejando caer unos apuntes sobre la novela que me gustaría dedicarle a mi abuelo japonés. Ahora mismo –para mí– leer poesía, novelas, leyendas, ensayos y cuentos japoneses, supone una vía para recuperar la mirada de mi *oji-chan*. A través de los libros de Oé, Abe, Dazai, Akutagawa, Soseki, Tanizaki, Kawabata y Mishima quiero crear el personaje que me habría gustado que fuera mi abuelo, aunque la obra de los poetas y narradores peruanos de origen japonés también formará parte del barro pensativo de mi criatura, porque intuyo que todos ellos se han formulado alguna vez las mismas preguntas que yo. Así, los poemas de José Watanabe, las novelas de Augusto Higa Oshiro y los cuentos de Carlos Yushimito, sin duda serán más útiles para mi novela que los libros de Banana Yoshimoto, Yoko Ogawa, Kyoichi Katayama o Haruki Murakami.

Diez

Hace unos meses, en Tokio, una *nikkei* peruana que conocía mi deseo de novelar la vida de mi abuelo a pesar del silencio de mi padre, me sugirió que le preguntara a papá dónde se escondió en marzo de 1943. Por entonces mi padre tenía catorce años y sabía que ya era huérfano, pero nunca me había imaginado que alguna vez había tenido que esconderse. Por eso, cuando me atreví a preguntárselo por Skype y comenzó a hablarme –como desde otro tiempo– de las persecuciones contra la colonia japonesa, las palizas callejeras, los despojos ilegales y las deportaciones hacia el campo de concentración de «Crystal City» en Texas, comprendí que no enseñarnos japonés fue una manera de afirmar su peruanidad y al mismo tiempo una forma de proteger a sus hijos. Mi abuela pidió refugio para ella y sus dos niños en la parroquia de San Felipe, donde vivieron escondidos tres meses bajo la protección de los franciscanos canadienses.

Once

Hace poco más de una semana, presenté la última novela de Andrés Neuman, *Hablar solos* (Alfaguara), en la Biblioteca Pública de Sevilla. Andrés es un escritor genial a quien admiro y quiero, y su nuevo libro –como todos los suyos– está constelado de poesía y ternura. Sin embargo, la ausencia de humor condicionó la redacción del texto que preparé –la novela de Neuman trata de las situaciones extremas que viven quienes cuidan a enfermos desahuciados– y decidí presentarlo con el mismo tono del libro: sin humor y dialogando con la muerte. Quise hacerlo así porque *Hablar solos* atesora reflexiones que Andrés seguramente elaboró tras la pérdida de su madre y nos despedimos en Sevilla persuadidos de haber vivido –los dos– un momento especial. Para que la simetría fuera perfecta, aquella misma noche fallecía mi padre en Lima.

Doce

Uno de los microrrelatos que escribí para *Ajuar funerario* se titula «Larga distancia» y dice así: «Ha sonado el teléfono de madrugada, a esas horas oscuras donde solo es posible recibir malas noticias. Mi hermana me dice llorando que ha muerto papá, que todo ha sido muy rápido y que nadie se lo esperaba. Siempre he temido esta llamada porque vivo en un país remoto y sé que no estaré en su entierro y que me costará recordar cómo era su rostro la última vez que nos abrazamos. Mi hermana apenas puede hablar y agrega que gracias a Dios no ha sufrido. ¿Cómo puede saber que no ha sufrido si desde que ha llegado no ha dejado de llorar? Tampoco lo puedo besar».

Trece

Vuelo hacia Lima y al mismo tiempo hacia el pasado familiar y la memoria de mis lecturas. En la oscuridad insomne de la cabina, recuerdo un verso de José Watanabe: «Ante la adversidad extrema, me viene a veces una pulsión recóndita que me señala una responsabilidad: sé como tu padre».

Catorce

Tal como me aconsejó en Tokio mi primo Iván, busqué a Oscar Kaneshigue –amigo de la infancia de papá– para que me hablara de todas esas cosas que mi padre calló durante años. Oscar me confirmó que papá hablaba un japonés muy especial, que no era el mismo que se enseñaba en la antigua Escuela Japonesa de Lima y que ni mi tío Lucho ni él pudieron aprender. ¿Y por qué tu padre no te enseñó *nihon-go*, quise saber? Oscar me miró con la misma expresión remota que puso mi padre cuando le pregunté dónde se escondió en marzo de 1943, y me respondió que su papá fue trasladado al campo de concentración de «Crystal City», donde estuvo preso tantos años, que cuando fue indultado y pudo regresar al Perú, ya era demasiado grande para aprender japonés.

Quince

Acabo de regresar de los funerales de mi padre en Lima, y ahora sé que jamás recuperaré mi lengua paterna. No el *nihon-go* que puedo seguir estudiando, sino las palabras de los juegos, los cuentos y los cariños. Nunca supe cómo llamaba el *oji-chan* a papá cuando era niño y me habría encantado saberlo para que aquellas palabras no murieran con él, y así mantenerlas como quien cuida una flor que alguna vez fue parte de un jardín. Ahora mi padre es el jardín.

Dieciséis

Siempre me conmovió la imagen de Eneas, huyendo de los escombros humeantes de Troya con su anciano padre Anquises sobre los hombros. Eneas era hijo de la diosa Afrodita y –según Virgilio– su misión era fundar una ciudad destinada a gobernar el mundo. Sin embargo, no es mi intención hablarles de Roma sino del héroe que escapó con su padre de la destrucción, del peso de Anquises y lo que significa ahora mismo para mí emprender un largo camino llevando al padre en brazos. A diferencia de Afrodita, Anquises era mortal y por lo tanto tenía recuerdos, familia y antepasados. Es decir, cultura, historia o lo que conocemos como tradición. Eneas cargó con Anquises hasta que lo sepultó en Drépano, mas el peso de Troya permanece intacto hasta hoy en la tradición occidental.

Diecisiete

Otro poema de José Watanabe me hace pensar en mi padre:

La piedra
entre la blanca arena rastrillada
no fue traída por la violenta naturaleza.
Fue escogida por el espíritu
de un hombre callado
y colocada,
no en el centro del jardín,
sino desplazada hacia el Este
también por su espíritu.

No más alta que tu rodilla,
la piedra te pide silencio. Hay tanto ruido
de palabras gesticulantes y arrogantes
que pugnan por representar
sin majestad
las equivocaciones del mundo.

Tú mira la piedra y aprende: ella
con humildad y discreción,
en la luz flotante de la tarde,
representa
una montaña.

Me gusta esa imagen de lo flotante que reverbera en los últimos versos de Watanabe y que también encontramos en el título de una novela de Ishiguro, en las marinas del *Ukiyo-e*, en el concupiscente Yonosuke de los libros de Ihara Saikaku y –en última instancia– en la budista certeza de la fugacidad de la vida. Lo *nihon* en los *nikkei* que nacimos lejos del Japón, también es algo flotante: una esencia, un aroma, una nube. En la cultura japonesa, el peso de Anquises sería también así: leve, sutil y delicado.

Dieciocho

Siempre me he preguntado cómo se contempla desde Japón la figura y la trayectoria de ciertas personalidades literarias como la del novelista británico Kazuo Ishiguro, el periodista brasileño José Yamashiro, la escritora argentina Anna Kazumi Stahl o la célebre crítico literaria del New York Times, Michiko Kakutani; porque puedo asegurarles que en la mayoría de países del occidente hispánico se les continúa viendo como japoneses, fenómeno que jamás ocurriría con otras nacionalidades, como podría comprobar cualquiera que afirme en Argentina que Maradona es italiano, aunque muchos argentinos no tienen ningún reparo en decir que María Kodama es japonesa. Lo que es seguro, es que algo tendrá Japón para que Borges y John Lennon cayeran redondos.

Diecinueve

Tantos años obsesionado con la mítica figura del abuelo, para descubrir demasiado tarde que siempre estuvo alrededor de la austera humanidad de mi padre como una esencia, un aroma o una nube. Ahora sé que cuando papá mojaba el pan en la leche, cuando doblaba su ropa con minucioso primor o cuando escribía a pluma con impecable caligrafía, ahí estaban lo *nihon* y el *oji-chan* Ariichi, como esas banderas detrás de la niebla que flamean borrosas en un poema de José Watanabe.

Veinte

Hace unos días en Lima, mientras buscaba por casa reliquias paternas, me topé con sus enseres de afeitar. Papá era un clásico de brocha, pastilla de jabón «La Toja», máquina de acero inoxidable y loción «Old Spice» en frasco de vidrio blanco. De niño soñaba con usar aquellos artilugios para ser como mi padre, mas contra aquel deseo infantil conspiraron las maquinillas descartables, los botes de espuma y la barba que me dejé desde que cumplí los treinta. No obstante, cuando besé a mamá y ella reconoció en mi mejilla el tacto, la fragancia y el frescor de papá, me sentí capaz de llevar el peso de Anquises, de escribir la novela del *oji-chan* en homenaje a mi padre y de encontrar las palabras que flotan en mi memoria como una esencia, un aroma o una nube, porque mi verdadera lengua paterna es la que susurra desde los silencios entrañables de mi padre.

Se terminó de imprimir el 12 de enero de 2018, al cumplirse noventa y ocho
años de la primera juerga flamenca de Jorge Luis Borges en un
café cantante de Triana, donde vio «el amanecer que se
abría en una tormenta de luz sobre el Guadalquivir
y transformaba los vidrios del pequeño
café donde estábamos en raras
y espléndidas vidrieras
de púrpura y azul
pálido»

VOCES / ENSAYO
PREMIOS MÁLAGA DE ENSAYO

I Premio Málaga de Ensayo
97. Vicente Luis Mora
Pasadizos.
Espacios simbólicos entre literatura y arte

II Premio Málaga de Ensayo
118. Ignacio Padilla
La vida íntima de los encendedores.
Animismo en la sociedad ultramoderna

III Premio Málaga de Ensayo
139. Blas Matamoro
Novela familiar.
El universo privado del escritor

IV Premio Málaga de Ensayo
161. David Roas
Tras los límites de lo real.
Una definición de lo fantástico

V Premio Málaga de Ensayo
186. Remedios Zafra
(h)adas.
Mujeres que crean, programan, prosumen, *teclean*

VI Premio Málaga de Ensayo
206. Cristian Crusat
Vidas de vidas.
Una historia no académica de la biografía

VII Premio Málaga de Ensayo
225. Miguel Albero
Godot sigue sin venir.
Vademécum de la espera

VIII Premio Málaga de Ensayo
238. Jorge Fernández Gonzalo
Iconomaquia.
Imágenes de guerra